Martin Malirsch

Society 5.0

Die ultrasmarte Gesellschaft

Der Geist aus der Flasche

Martin Malirsch

SOCIETY 5.0

Die ultrasmarte Gesellschaft

Der Geist aus der Flasche

Bibliografische Information der Deutschen Nationalbibliothek:
Die Deutsche Nationalbibliothek verzeichnet diese Publikation in der Deutschen Nationalbibliografie; detaillierte bibliografische Daten sind im Internet über http://dnb.ddb.de abrufbar.

ISBN 978-3-96103-261-7

Umschlagillustration: Martin Malirsch

www.rediroma-verlag.de
8,95 Euro (D)

Autor

Martin Malirsch, Jahrgang 1944, ab 1967 Lehrtätigkeit (Sekundarstufe I, Kunst/Visuelle Kommunikation, Gesellschaftslehre), Ausbildung von Lehrkräften im Vorbereitungsdienst (Referendariat), Ausbildung und Betreuung von Lehramtsstudierenden in Schulpraktischen Studien bis 2016

Bisherige Veröffentlichungen im Rediroma-Verlag

- Europäisches Projekt im Dilemmamodus | Verwerfungen durch Vielfachkrisen, 2016
- Digitale Netzwerkgesellschaft | Realutopische Szenarien zur Zukunftsfähigkeit, 2015
- Hegemoniale Weltumordnung | Globalisierungsinduzierte Erosionen, 2014
- Big Data | Büchse der Pandora, 2013
- Wertebildungsprozesse in der Marktgesellschaft, 2013
- Kerngeschäft Unterricht | Akzentuierte Bestandsaufnahme der Paradigmenwechsel, 2013

„Wenn der Wind des Wandels weht, bauen die Einen Schutzmauern, die Anderen bauen Windmühlen“

Chinesische Weisheit

INHALT

„Die Ehrfurcht vor der Vergangenheit und die Verantwortung gegenüber der Zukunft geben fürs Leben die richtige Haltung.“

Dietrich Bonhoeffer

0. VORWORT

Die Entwicklung der Digitaltechnologien hat sowohl euphorische als auch skeptische Meinungsäußerungen hervorgerufen.
Globale digitale Vernetzung bietet Chancen für Demokratie und Meinungsfreiheit einerseits und andererseits werden negative Auswirkungen auf die menschliche Kommunikationsfähigkeit, auf soziale Bindungen, Selbstbestimmung und Autonomie befürchtet. Der New Yorker Kulturkritiker Neil Postman bezeichnet den rasanten technologischen Wandel gar als „faustischen Handel“ (Teufelspakt), bei dem ein hohes Risiko bestehe, Menschen nähmen die neue Technik begeistert an – und sähen die bösen Folgen erst, wenn sich nichts mehr ändern ließe. In sozialpolitischen Diskurse wird die Metapher des Flaschengeistes häufig zur Charakterisierung einer selbstverschuldeten Gefahr bemüht: Globalisierung und Digitalisierung als Flaschengeister der Subversion. Das Flaschengeist-Motiv grenzt sich jedoch von der „Büchse der Pandora“ insofern ab, als der Geist aus der Flasche Chancen der Beherrschung und Überlistung bietet, während das Verhängnis der Pandora sich unaufhaltsam vollzieht.

Im Kontext u. a. alchemistischer Theorien und insbesondere als Illustration von Ambivalenzen moderner Techniken wurde Homunculus (lat.‚Menschlein'), ein künstlich geschaffener Mensch als dämonischer Helfer magischer Praktiken gesehen. Heute erfährt der soziale Roboterassistent ambivalente Bedeutsamkeit im Blick auf „Human Enhancement".

Der Mensch hat einen eigenen Antrieb, er erforscht Dinge aus sich heraus, das scheint sein ureigenstes Terrain zu sein. Emotionen, Weltwissen, Souveränität in Ausnahmesituationen und Meinungsstärke sind Kompetenzen, die der Mensch Maschinen voraushat. Es gilt, Maschinen durch die richtige Anwendung der Intelligenz an gegenwärtige Umstände anzupassen, bedingt durch Fortschritt in Wissenschaft und Technologie. Die Idee einer Züchtung und Zeugung künstlicher Menschen bis hin zur Unsterblichkeit gemäß den technologischen Fortschritten inspirieren die Wissenschaftler weltweit.

"Technologischer Fortschritt wird ja nicht auf demokratischem Weg erzeugt, sondern von kommerziellen Unternehmen vorangetrieben. Es entstehen digitale Supermächte, und denen kann völlig egal sein, wer unter ihnen in Deutschland Bundeskanzler ist oder amerikanischer Präsident. Und eine solche Machtfülle ist nicht gut. Wir bekommen eine Art technokratischer Diktatur", so die Bedenken von David Precht im Gespräch mit Karin Fischer. Der technische Fortschritt sei der einzige Fortschritt in der Geschichte der Menschheit, der irreversibel sei, also unaufhaltsam und nicht rückdrehbar.[1]

Eine rückwärtsgewandte Utopie- die Retropie – habe keine Zukunft.

„Algorithmus" ist ein Synonym für Allmacht geworden, Voraussetzung zur Vermessung des Menschen inzwischen in allen Lebenslagen. Die Vermessung schafft neue Möglichkeiten und neue Zwänge: Kann der Mensch seine Souveränität über den Algorithmus bewahren? Die Vermesser des Menschen müssten sich selbst einen Kodex der Ehrlichkeit auferlegen, so Wissenschaftler und Politiker.

---

[1] Deutschlandfunk, 01.05.2017 - der Publizist und Philosoph Richard David Precht im Gespräch mit Karin Fischer

„Wir stehen am Anfang des fünften Zeitalters der Menschheitsgeschichte. Nach Industrie 4.0 kommt Society 5.0, in der sich alles untereinander vernetzt“

Premierminister Shinzo Abe

1. THEMATISCHE HINFÜHRUNG

Nach „Big Data“ und „Digitale Netzwerkgesellschaft“[2] werden mit „Society 5.0“ Transformationen der Gesellschaft fokussiert, insbesondere auch die Paradigmenwechsel relevanter Lebenswelten, bedingt u. a. durch den demografischen Wandel.
Die fünfte Entwicklungsstufe der Menschheitsgeschichte, nach dem Jäger und Sammler, Agrar-, Industrie- und Informationszeitalter, wird mit dem Zeitalter der Vernetzung der Gesellschaft 5.0, eingeleitet. Potenziale und Kapazitäten des digitalisierten Netzwerks und „Internet der Dinge“ verheißen eine dramatische Verbesserung menschlicher Lebensqualitäten in der Überwindung und Verbesserung anstehender Probleme einer im Umbruch befindlichen analogen Welt. Konnektivität wird als „Megatrend“ bezeichnet, die neue Organisation der Menschheit in Netzwerken.
Über das Zusammenspiel von Internet und Maschine räumt Society 5.0 der Verbindung Mensch und Maschine einen höheren Stellenwert ein. Die Digitalisierung soll sich in der Gesellschaft mit moralischen, ethischen und wirtschaftlichen Aspekten verweben. Im immer rasanteren Wandel der Zeit bewegen Fragen nach der Sinnhaftigkeit des Seins- nach den Lebensumständen in einer durch die zunehmende Fragmentierung und Kom-

---

[2] Vgl. bisherige Veröffentlichungen

plexität von Wissen und Realität geprägten Zeit. Die künftige Bewältigung der großen gesellschaftlichen und globalen Aufgaben und Herausforderungen zielen auf die Verbesserung der Lebensqualität hinsichtlich zunehmender Überalterung der Gesellschaft, Umweltverschmutzung, Naturkatastrophen, Krieg, Emigration usw.

Der zukunftsweisende Umgang mit der "Digitalisierung" wird nicht nur als Wandel technischer Rationalisierung gesehen, sondern durchdringt als gesellschaftlicher und strukturell-mentaler Prozess alle relevanten Lebensbereiche. Die Verbindung der realen mit der virtuellen Welt ermöglicht immer intelligentere Produkte und Dienstleistungen, alles wird „smart".

In diesen cyber-physischen Systemen (CPS) sind informations- und softwaretechnische mit mechanischen bzw. elektronischen Komponenten verbunden, der Datenaustausch, Kontrolle und Steuerung werden über eine Infrastruktur wie das Internet in Echtzeit abgewickelt. Anpassungs- und Wandlungsfähigkeit, Ressourceneffizienz, ergonomische Verbesserung und Sicherheitsaspekte werden einerseits überwiegend als vorteilhaft gesehen, andererseits allerdings sind autonome Systeme mit den komplexen Strukturen auch hochgradig anfällig.

Das Beschäftigungsfeld der Robotik umfasst Industrie- oder Serviceroboter, anthropomorphe

oder humanoide Roboter, reine Softwareroboter (Bots) und Nanoroboter.
Soziale und moralische Implikationen ihres Einsatzes sind Gegenstand von Technikfolgenabschätzung, Technikethik, Informationsethik und Roboterethik bis hin zum Roboterrecht, Rechtsprechung und Gesetzgebung.

.

„Machine Intelligence ist ein unglaublicher neuer Nutzen, den unsere Gesellschaft nach Belieben erschließen kann, in einer Revolution, die wir seit der Elektrifizierung nicht gesehen haben"

Nell Watson, Senior Advisor der Zukunft Society in Harvard

2. DIGITALISIERUNG und AMBIVALENZEN

Die neuen Möglichkeiten der Informationstechnologien werden die Welt auch weiterhin mit Big Data, künstlicher Intelligenz, Industrie 4.0 usw. rasant verändern.
Forscher bringen den Maschinen das sog. „Denken" bei: Viele Bereiche des maschinellen Lernens nutzen ein künstliches neuronales Netzwerk, das Netzwerk verbessert sich durch ständige kleine Anpassungen nach und nach. Diese Art des Lernens wird dadurch ermöglicht, weil sehr viele Daten als Lernmaterial - Big Data liefert das Material- und genügend Rechengeschwindigkeit vorhanden sind.
Alles ist technologisch gesehen möglich, aber wie wird der Gestaltungswille der Gesellschaft mit dem technologischen Wandel umgehen?
Der Physiker Stephen Hawking und Andere, sehen z.B. in der Lernfähigkeit von Robotern eine große Gefahr für den analogen Menschen; gigantische Rechner und Datenbanken könnten ein dem Menschen überlegenes Verhalten lernen. Es sind die Lernfähigkeit der Superrechner und die Intelligenz der Suchmaschinen, die sich selbst stets weiter verbessern. Die große, transformierende Kraft, wird dem „Internet der Dinge" (Internet of Things, IoT)* zugeschrieben, der Verschmelzung der physischen mit der virtuellen Welt. Die digita-

le Transformation wird sich als enorme Herausforderung der nächsten Jahre erweisen: * Den Ausdruck vom "Internet der Dinge" hat der britische Technikpionier Kevin Ashton bereits 1999 geprägt.

Mit dem Megatrend Digitalisierung wird digitalisiert und vernetzt, was nur möglich erscheint.

Das bedeutet die Integration komplexer physischer Maschinenanlagen mit vernetzten Sensoren, Software und dem Menschen unter Berücksichtigung und Herausforderung von Sicherheitsfragen und Datenschutz. Bei der Implementierung der digitalen Technologien, wie Computer, Tablets und Smartphones auch Wearables, Unterhaltungselektronik, Haushaltsgeräte, Fahrzeuge und Industriemaschinen usw. werden auch künftig Daten, Menschen, Maschinen und Prozesse miteinander im „Internet of Everything“ verbunden sein.

Die Beziehungen zwischen Menschen und Maschinen durchdringen alle Lebensbereiche und werden zunehmend vielfältiger und komplexer; sowohl die immer individuellere Unterstützung des Menschen durch Maschinen im Alltag als auch die weitreichende Ersetzung des Menschen durch Maschinen in der Arbeitswelt bis zu einem Verschwimmen der Grenzen zwischen Mensch und Maschine. Die Informations- und Kommunikationstechnologie wird in die bisher vertrauten "Dinge" des alltäglichen Lebens eingebettet („embedded computing") und macht die Welt „smart" (intelligent). So werden die Alltagsdinge somit selbst informativ oder fungieren als physische Zugangsobjekte zu Internetdiensten. Diese Dinge werden nun zu „Medien", also Kommunikationskanälen, die Daten und Informationen übermitteln. Neue soziale, ökonomische, wissenschaftliche Erkenntnisse können dazu beitragen, die Lebensverhältnisse in einer immer komplexeren Welt zu verbessern.

Technische Entwicklungen machen ein „intelligentes Leben" möglich und sind aus dem Alltag nicht mehr wegzudenken. Dabei werden alle möglichen Bereiche des Menschen von einer Welle an Innovation überrollt und fundamental verändert. Zugleich bringt die Digitalisierung aber auch neue Unsicherheiten und Ambivalenzen: Die Menschen sorgen sich um den Verlust der Souveränität über private Daten, Erhalt des Arbeitsplatzes mit wechselnden Qualifikationsanforderungen, vermissen Transparenz zum Wahrheitsgehalt von Nachrichten und Informationen und erleben zunehmend polarisierte und extreme öffentliche Diskussionen in digitalen Kanälen.

Damit sind neue Risiken verbunden: Informationelle Ausbeutung durch das Zusammenführen von Datenmengen durch private oder öffentliche Stellen kann zu massiver Verletzung informationeller Grundrechte der Menschen und damit zur Gefährdung ihrer Freiheitsrechte führen.

Auch wenn jeder technologische Fortschritt Risiken birgt, so scheinen die aber von den Chancen dominiert zu werden. Es stellen sich Fragen nach der Gestaltung und dem Gelingen der Interaktion zwischen Mensch und Maschine.
Welche Rolle werden Menschen in der digitalisierten Welt von morgen noch spielen, droht eine Abhängigkeit von der Technik, die nicht mehr verstanden werden kann? Und wenn die Technik ausfällt?
Was bedeutet diese rasante Entwicklung der künstlichen Intelligenz (KI) für das Leben, der Arbeitswelt und das Menschsein?
Werden in Zukunft Roboter dafür sorgen, dass Menschen ein besseres Leben haben?
Sie werden sie in vielen Bereichen unterstützen, ihnen den Alltag erleichtern und vor allem Arbeiten und Aufgaben abnehmen, die sie selbst nicht erledigen wollen oder können. Wird der Mensch dadurch entmündigt, die menschliche Intervention zunehmend unnötig, während technische Dispositive wie Roboter und Software-agenten ermächtigt werden?

Mutiert die ultrasmarte Gesellschaft zum computerisierten Nanny State, in dem willfährige Menschen von Maschinen bemuttert werden?
Der fundamentale Wandel wird sowohl Gewinner als auch Verlier hervorbringen. Vielfältige sozio-

ökonomische und sozialpsychologische Brüche könnten sich zeigen und die Zivilgesellschaft verändern.
Umweltabhängige, technologische und gesellschaftliche Veränderungen– so auch insbesondere Digitalisierung- beeinflussen individuell unterschiedlich stark den Menschen und können Coping-Prozesse[3] auslösen, d.h. emotionsorientiertes und/oder problemorientiertes Bewältigen von konfliktauslösenden und belastenden Situationen.
Aus der Vereinigung von Neurowissenschaften und Informations- und Kommunikationstechnologien ergeben sich neuen Formen von Bewusstsein, neue Eingriffs- und Steuerungsmöglichkeiten der Menschen in der Gesellschaft: Über Manipulation natürlicher Prozesse hin zum Schöpfer neuen Lebens oder gar Missbrauch von wissenschaftlich-technischen Potenzialen der synthetischen Biologie, der Nano-, Bio- und Informationstechnologie als Instrumentarium autoritärer Regime oder Terroristen.
„Wir Menschen sind mit einem wunderbaren Gehirn ausgestattet, das uns diese große Intelligenz ermöglicht. Daraus entstehen verschiedene Ideen, Interessen und Vorstellungen, die aber auch zu einer Quelle von Konflikten werden können.“[4]

---

[3] Vgl. http://psychologie-news.stangl.eu/85/coping
[4] S. H. Dalai Lama, Vortrag vom 12. Oktober 2016 in Bern

Der moderne Lebensstil sei zu sehr am Materiellen ausgerichtet, das gelte übrigens auch für das Bildungssystem. Jetzt sei die Zeit für ein neues Denken. Wir sollten die ganze Menschheit im Blick haben und nach Lösungen suchen, die dem Wohl der Vielen dienten, wir könnten auch wissenschaftliche Forschung zu Hilfe nehmen und destruktiven Kräften Einhalt gebieten, so Dalai Lama.

„Das, was wir heute sind, folgt aus den Gedanken, die wir gestern pflegten, und unser gegenwärtiges Denken baut unser Leben, wie es morgen ist.“

Buddhistische Weisheit

3. TRENDS

Der Trend Konnektivität ist sowohl technologiegetrieben als auch soziologisch-gesellschaftlichen Ursprungs. Die technologische und soziale Vernetzung der Welt verstärkt zahlreiche Möglichkeiten der Selbstdarstellung und stellt damit das Selbstverständnis des Menschen in seiner Einzigartigkeit als Individuum heraus. Ubiquitäre Werteveränderungen sind die Folge.

Mit der menschlichen Entwicklung und mit der Zivilisation hat die Automatisierung menschlicher Tätigkeit nicht nur die Kultur der Arbeitswelt verändert sondern infolge erhöhter Bildung auch zunehmend die Selbstbestimmung, Individualität und Ansprüche. Visionen sind Alltag geworden, digitale und analoge Realitäten verschmelzen zunehmend.

Technologie und Gesellschaft bedingen und verändern sich gegenseitig.

Einblick und Bewältigung einer berechenbaren Zukunft hat die menschliche Kreativität und den Forschungsdrang immer wieder angetrieben, aber stets Sicherheit, Kontinuität und Verlässlichkeit mitdenkend. Zukunftsszenarien zeichnen Spiegelbilder menschlicher Erwartungen mit Sehnsüchten, Träumen und Wünschen. Hier entwickeln sich die Trends:

Dem Zeitgeist in der schnelllebigen und vielschichtigen Zeit entsprechend, sind es vielfache, punktuelle Veränderungen ohne Kontinuität.
Sven Gábor Jánszky, Deutschlands innovativster Trend- und Zukunftsforscher des renommierten 2b AHEAD ThinkTanks und Zukunftsforscher dieses Trendforschungsinstituts sind sich sicher, dass die Weiterentwicklung der Applikationen der künstlichen Intelligenz bemerkenswerten Einfluss auf die Veränderungen in den Lebenswelten der Menschen nehmen wird.

Sven Gábor Jánszky sieht sogar die Gefahr einer digitalen Spaltung der Gesellschaft insbesondere hinsichtlich unterschiedlicher Lebensperspektiven. Er verweist auf den Wahlkampf in 2017, die Zukunftsbilder verschiedener Teile der Gesellschaft unterschieden sich radikal: Junge Menschen in den Großstädten stellten sich ihre Zukunft als positives Ergebnis einer rasenden, technologischen Veränderung vor, auf der Basis exponentieller Geschwindigkeit der digitalen Entwicklung. Sie nutzten intelligente, digitale Assistenten, lebten gesünder und länger, seien höchstgebildet, gefragte Arbeitskräfte, verdienten viel Geld und gestalteten ihr Leben als Patchwork mit immer neuen Möglichkeiten und Herausforderungen. Ältere Menschen hingegen außerhalb der Großstädte seien in diese rasante Entwicklungsgeschwindigkeit weniger eingebunden oder verweigerten die Kenntnisnahme. Sie prognostizierten ihr eigenes Zukunftsbild auf Basis des Stillstandes und Bewahren der Vergangenheit.

Wissenschaft und Technologie prägen die gesellschaftliche Entwicklung. Gleichzeitig sind sie selbst von gesellschaftlichen Interessen, Trends und Entscheidungen abhängig; sie vollziehen sich nicht naturbedingt und auf unbeeinflussbarer Sachlogik, sondern sind vielmehr determiniert von divergierenden Interessen, von Gewinnerwartungen, von ethischen Wertentscheidungen, von Gesetzen und Verordnungen, in einem komplexen und kontinuierlich sich weiterentwickelnden Wechselverhältnis mit der Gesellschaft.
Insbesondere das Gesundheitsverständnis wird heute in Zeiten zunehmender Vernetzung („Connective Health") auf einer grundsätzlichen Ebene reprogrammiert, von einer privaten zu einer öffentlichen und kollektiven Angelegenheit.
Gesundheit wird Lebensziel und Lebenssinn: psychische und physische Dimensionen sind Bestandteile der Gesundheit als kulturelle Dimension künftiger Lebensgestaltung.
Digitalisierung von Wissen und Bildung und ihr Zugang betreffen immer mehr Menschen.
Mit der Wissenskultur entscheidet sich die Zukunftsfähigkeit von Individuen und Gesellschaft, denn Wissen ist Macht.

Der Blick in die Zukunft und damit Trends werden zusehends intelligenten Algorithmen mit Wahrscheinlichkeitsberechnungen und Simulationen überlassen.
Trotz Daten- und Informationsfülle ergeben die Datenerhebungen noch kein umsetzbares Wissen, die Deutungshoheit, Bewertungen und Entscheidungen liegen beim Menschen.

3. 1 ROBOTIK

Als Innovationsmesse zeigt sich die CeBIT 5 immer auch als Plattform bedeutender Produktneuheiten. Die Highlights in diesem Jahr verdeutlichen, wohin die Reise im digitalen Zeitalter geht. Ein breites Spektrum bahnbrechender Technologien zeigt Visionen und Innovationen im Blick auf digitale Gesellschaft, Politik und Wirtschaft. Exemplarisch beispielsweise, marktreife Exoskelette: Mensch-Maschinen-Systeme, die menschliche Intelligenz mit maschineller Kraft kombinieren, indem sie die Bewegungen des Trägers unterstützen oder verstärken, diese neuartige Technologie integriert die menschliche Arbeitskraft nachhaltig in die industriellen Produktion Industrie 4.0 Die intelligenten Mensch-Maschine-Systeme verringern das Risiko von Arbeitsunfällen und überlastungsbedingten Erkrankungen signifikant, Krankenstände reduzieren sich zukünftig und Unternehmen und staatliche Gesundheitssysteme werden finanziell entlastet.

Das diesjährige Partnerland Japan präsentiert sich auf der CeBIT 2017 als Spitzenreiter in Sachen Digitalisierung:

---

[5] CeBIT 2017 Hannover, Japans Premierminister Shinzō Abe eröffnete die CeBIT gemeinsam mit Bundeskanzlerin Dr. Angela Merkel ,19. März 2017

Die dominierenden Highlights reichen von Exoskeletten über biometrische Authentifizierungssysteme bis zu persönlichen Mobilitätslösungen. „Das Exoskelett ist die folgerichtige, technologische Weiterentwicklung, um Mensch und Maschine in der Industrie 4.0 sinnvoll und produktiv zusammenzuführen“, Dr. Peter Heiligensetzer, Experte für Mensch-Roboter-Kooperation und CEO von German Bionic Systems. Sie kämen zukünftig vor allem dort zum Einsatz, wo menschliche Arbeit nicht sinnvoll durch Automatisierung oder Robotik-Systeme ersetzt werden könne, beispielsweise in der Automobilbranche, aber auch körperlich schwere Arbeiten im Baugewerbe, der Logistik oder im Pflegebereich. Zukunftsweisende mikromechanische Komponenten und ein ergonomisches, ultraleichtes Tragesystem kommen zum Einsatz, das dem Träger beispielsweise ein schweres Werkzeug problemlos zu positionieren oder kontinuierlich zu bedienen ermöglicht. Die Cloud-Software-Plattform des German Bionic CRAY basiert auf Open Source-Technologie und offenen Standards und ermöglicht maschinelles Lernen und KI-Funktionalität.[6]

"Gerade die japanische Vision von Gesellschaft 5.0 ist eine sehr interessante Vision, die auch für Deutschland inspirierend wirken wird", so Angela Merkel, CeBIT 2017.

---

[6] Vgl. https://www.germanbionic.de/produkt

Gleichwohl: Die Computerisierung wirtschaftlicher und politischer Prozesse führt dazu, dass mehr und mehr kognitive Kompetenzen an künstliche Intelligenzen delegiert werden und die Gefahr besteht, dass der Bürger entmündigt wird.

„Dabei vergessen wir, was uns für immer von den Robotern unterscheiden wird: Schmerz, Sterblichkeit, Liebe, Kreativität und wahre Empathie."

Matthias Horx

3.1.1 Sozialer Roboter

Zunächst sind oder waren Roboter nützliche Werkzeuge. Sie sind Apparate, hoch entwickelte Rechenmaschinen mit mechanischen Körpern: Verlässlich, robust aber ohne Empathie, mit Menschen nicht zu verwechseln. Sie haben die Industrie revolutioniert, den Menschen von stupiden und gefährlichen Tätigkeiten erlöst und gelernt, miteinander zu kooperieren

Inzwischen wird aber mit Nachdruck am sozialen Roboter gearbeitet. Die Differenz zwischen Mensch und Maschine schwindet: Soziale Roboter sollen Mimik und Körpersprache des Menschen zu lesen, seine Alltagssprache zu verstehen und vor allem, sinnvoll zu reagieren lernen: Vom Werkzeug zum Partner.

Damit Roboter von Menschen besser akzeptiert werden und oftmals sympathischer auf ihre Nutzer wirken als eher technisch anmutende Systeme, müssen sie Gefühle zeigen.

Ziel ist es, dass Menschen mit Robotern natürlich kommunizieren können, sie nicht nur Emotionen zeigen, sondern auch menschliche Mimik und Gebärden zu deuten wissen, um so in unterschiedlichsten Situationen angemessen zu reagieren. Menschliche Wahrnehmung entnimmt Informationen über Gefühlsausdrücke. Hierfür müssen Roboter den Menschen scheinbar möglichst ähnlich sein – in ihren Eigenschaften und Fähigkeiten, um ihre Aufgaben und ihre Rollen zu übernehmen. Roboter können über die Mimik oder das Anschmiegen mit einem Menschen Kontakt aufnehmen. Das löse meist automatisch eine Projektion aus, denn aufgrund sozialer Interaktion findet der Mensch eigene Eigenschaften im Roboter wieder. Wird der Roboter für Menschen künftig ein Weggefährte von morgen, wird er gemocht oder erzeugt er Ängste?

Möglichst realistische Abbilder unseres Selbst zu erzeugen, werde in der Realität eher abgelehnt, denn allzu menschliche Maschinen seien sogar unheimlich.

Die Unheimlichkeit entstehe dann, wenn der Roboter probiere, den Menschen möglichst perfekt nachzuahmen, das aber nicht ganz schaffe. Die Akzeptanz der Figur nehme dramatisch ab, weil sie nicht mehr eingeordnet werden könne, sie falle in das sogenannte „Uncanny Valley", das ‚unheimliche Tal', so Martina Mara [7].

Ein Roboter, ganz klar als Maschine erkennbar, werde in der Regel besser akzeptiert, auch

---

[7] Vgl. https://www.zukunftsinstitut.de/menschen/externe-tup-autoren/martina-mara/
Roboterpsychologin am renommierten Ars Electronica Futurelab in Linz (Österreich) Sie untersucht, wie Roboter gestaltet werden können, damit Nutzer sich mit ihnen wohlfühlen können, ohne autonome Maschinen als Bedrohung zu erleben

menschliche Verhaltensweisen seien dann eher sympathisch.

Humanoide Roboter, kleiner als die Nutzer, „Head-Tilts“ (Kopfschieflage), Kindchenschema (übergroßer Kopfbereich in Relation zum Körper und große Augen) signalisieren Unterwürfigkeit und werden als weniger dominant, damit freundlicher, attraktiver empfunden.

(Beispiele existierender Roboter, siehe Anhang!)

Der Japaner Hiroshi Ishiguro gilt als einer der radikalsten Vertreter einer kommenden Gesellschaft, in der Menschen und Androiden nebeneinander existieren sollen. In der japanischen Roboterforschung („Android Science“) gilt er als führend, von den meisten bewundert, aber viele sind auch skeptisch. Ein Stab von Mitarbeitern hat Forschungsergebnisse der Kognitionsforschung, behavioristische Wissenschaft und Neurowissenschaft mit Robotik verbunden. In aufwendigen Programmierungen wurden den Androiden, damit sie wie lebende Wesen wirken, so etwas wie Bedürfnisse implantiert. Die neueste Version von Ishiguros Androiden ist der Geminoid F: Eine schöne junge Frau mit langen schwarzen Haaren, lächelt kokett, rollt mit den Augen, zwinkert und verzieht ihr Gesicht im Gespräch mit einem Mann. Ishiguro ist es gelungen, mit seinem Androiden zumindest die Illusion von menschlicher Ähnlichkeit zu erzeugen. Er sieht die Aufgabe seiner Androiden darin, nicht allein Helfer der Menschen zu sein, sondern in naher Zukunft auch Lebenspartner.

Hiroshi Ishiguro glaubt und hofft auch, dass Menschen in Zukunft durch Androiden mehr über sich erführen, sie sollten zeigen, wer sie seien.

Mit der Robotertechnik (Robotik) werden Ansätze aus Maschinenbau, Elektrotechnik und Informatik, insbesondere Künstlicher Intelligenz (KI) integriert, eine enge Zusammenarbeit mit Mensch-Maschine-Interaktion, Psychologie und Soziologie (soziale Robotik). Industrie- oder Serviceroboter, Softwareroboter (Bots), Nanoroboter und anthropomorphe oder humanoide Roboter werden für all nur erdenkliche Arbeits- und Lebensbereiche entwickelt.

Mit künstlicher Intelligenz letztlich den Menschen und sein Gehirn vollständig nachzubilden, werde nie gelingen. Zum Denken gehöre auch das soziale Miteinander der Menschen, das sei Maschinen fremd, ihnen fehlten Kreativität und Gefühl, ist Rüdiger Dillmann überzeugt, Professor am Karlsruher Institut für Technologie, 30 Jahre Forschung in der Roboterentwicklung. Den Menschen nachzubauen, sei keine sinnvolle wissenschaftliche Zielstellung.

„Wir verwechseln in der KI-Debatte Intelligenz – die Fähigkeit, begrenzte Probleme zu lösen – mit Bewusstsein. Wir projizieren menschliche Eigenschaften auf Computer und finden, dass die irgendwie „denken“ können. Menschliches Denken ist aber immer von Gefühlen geprägt – und die sind wichtig, wenn wir fundierte Entscheidungen treffen wollen. Roboter werden in den nächsten 500 Jahren ganz sicher keine Gefühle haben. Denn dazu braucht man einen fleischlichen Körper, Sterblichkeit, Blut, Hormone und noch vieles mehr“, so Matthias Horx

Maschinen können Muster wiedererkennen und genügend Daten in der Cloud speichern, abrufen und analysieren, sind aber nicht intelligent, sondern erledigen maschinenmögliche Operationen; diese können einzelne menschliche Funktionen übernehmen, ohne gute oder böse Absichten. Maschinen haben Algorithmen, aber keine Leidenschaft, keine Gedanken und keine Träume.

Soziale und moralische Implikationen des Einsatzes der Maschinen verlangen Überlegungen hinsichtlich eines Entwurfs für Technikethik, Informationsethik und Roboterethik.

Dies wiederum bedeutet neue Herausforderungen für Rechtswissenschaft (Roboterrecht), Rechtsprechung und Gesetzgebung.

US-amerikanische Autor und Biochemie-Professor Isaac Asimov formulierte erstmals eine berühmte Sicherheitsmaßnahme für Roboter- die drei Robotergesetze.[8]

„Ein Roboter darf einen Menschen nicht verletzen oder durch Untätigkeit zu Schaden kommen lassen.

Ein Roboter muss den Befehlen des Menschen gehorchen, es sei denn, diese stehen im Widerspruch zum ersten Gesetz.

Ein Roboter muss seine eigene Existenz schützen, solange dies nicht mit dem ersten oder zweiten Gesetz im Konflikt steht".

---

[8] Vgl. Isaak Asimov, Alle Roboter-Geschichten , Bastei Lübbe, Oktober 2007

Die Geschichte «Runaround», geschrieben im Jahr 1942, spielt im Jahr 2015, sie beeinflusste nicht nur die Science-Fiction-Literatur, sondern auch die Wissenschaft.

Asimov hat diese Ambivalenz der Technik vorausgesehen: In seiner Welt von 2015 sind die Roboter zwar unverzichtbare Helfer bei der Eroberung ferner Planeten. Auf der Erde aber sind sie verboten, weil die Menschen Angst vor ihnen haben.

„Die reinste Form des Wahnsinns ist es alles beim Alten zu lassen und trotzdem zu hoffen, dass sich etwas ändert“.

Albert Einstein

3. 2 TRANSFORMATIONEN

Die digitale Transformation erfasst fast alle Wirtschafts- und Industriebranchen: von der Kultur- und Kreativwirtschaft bis zur Industrie. Der Wandel ist kein rein wirtschaftlich-technologischer, sondern ein gesamtgesellschaftlicher Prozess, der auch Fragen von Freiheit und Demokratie berührt. Der „Digital-Gipfel“ [9]signalisiert die Öffnung des Gipfels für Sozialpartner der Gesellschaft und insbesondere Anwendungsindustrien.

Unter dem Motto „*Vernetzt besser leben*“ setzte der Digital-Gipfel konkrete Impulse hinsichtlich Chancen und Herausforderungen intelligenter Vernetzung.

„Der Digital-Gipfel ist auch in diesem Jahr ein wichtiger Impulsgeber für die weitere Gestaltung der Digitalisierung in Deutschland. Die Dynamik der technologischen und ökonomischen Entwicklungen ist hoch. Umso wichtiger ist es, dass Politik, Wirtschaft, Wissenschaft, Gewerkschaft und Gesellschaft eng zusammenarbeiten, um industrielle Kompetenzen und die Chancen der Digitalisierung klug miteinander zu verbinden und um Innovationen und Investitionen anzureizen“, Bundeswirtschaftsministerin Zypries.

Die „Ludwigshafener Erklärung“ thematisiert die großen Herausforderungen: die Digitalisierung im Gesundheitswesen weiter voranzutreiben, die Zu-

---

[9] Digital Gipfel, 12.-13. Juni 2017, Ludwigshafen

kunft der digitalen Wirtschaft mit neuen Technologien gemeinsam zu gestalten, Infrastrukturen flächendeckend auszubauen und neue Mobilität zu ermöglichen und die intelligente Vernetzung von Städten und Regionen zu fördern.

Vertreter führender Internet-Konzerne fokussierten in reflektierten und kritischen Beiträge zur diesjährigen "Digital Life Design Munich"-Konferenz (DLD-Konferenz 2017) Themenbereiche wie künstliche Intelligenz, Roboter, aber auch Anwendungen für intelligente Mobilität und Stadtplanung, autonomes Fahren, Privatsphäre im digitalen Zeitalter oder die Auswirkungen der Digitalisierung für die entgrenzte digitale Arbeitswelt mit Folgen für die Sozialpartnerschaft und den sozialen Zusammenhalt in der Zivilgesellschaft.
Zu der Herausforderung der neuen Technologie mahnte Microsoft-Chef Nadella an, sie müsse den Menschen helfen, anstatt sie zu ersetzen. Transformation von Märkten, Medien, Kultur und Gesellschaft durch das Internet und neue digitale Geschäftsmodelle waren u. a. Schwerpunkte der Europas führenden Digital- und Innovationskonferenz. Industrie 4.0 versus Smart Services und inkrementelle versus disruptive Innovation[10] fanden

---

[10] Inkrementelle Innovation bemüht sich ständig, existierende Produkte oder Dienstleistungen konkurrenzfähiger zu

besonderes Interesse. Insbesondere wurde auch „contextual Internet“[11] herausgestellt, eine bereits praktizierte Kommunikationsform: Künstliche Intelligenzen persönlicher Assistenten wie Siri oder Cortana, die lernen, die Gewohnheiten ihrer Nutzer zu analysieren, sich eigenständig zu verbessern, um Voraussagen zu treffen.

Ein Computeralgorithmus entscheidet darüber, wer was sieht: Menschen, die den gleichen Begriff in eine Suchmaschine eingeben, erhalten nicht unbedingt dieselben Ergebnisse. Niemand wisse, wer hinter all den Algorithmen stehe: Nutzer werden berechnet, können aber nicht zurückrechnen auf die sie berechnen - und das sei natürlich ein riesiges Problem, so Christian Kucklick.[12] Zurzeit bekämen zunehmend diejenigen die Macht, die über die Verrechnung der Daten verfügten. Die

---

machen, z.B. durch Kostenreduzierung oder/und Verbesserungen und Ergänzungen von Eigenschaften.
Disruptive Innovation hingegen erforscht und setzt auf neue Technologien, sie schafft dadurch i. d. R. einen eigenen unkalkulierbarer Markt mit spektakulären Gewinnen bei hohen Risiken

[11] Kommunikation (Text-, Audio- und Video-Nachrichten, Barcodes und QR-Codes) örtlich und zeitlich punktgenau

[12] Vgl. Christoph Kucklick, Die granulare Gesellschaft, Wie das Digitale unsere Wirklichkeit auflöst, Ullstein Verlag, Berlin 2014

neue digitale Realität werde dazu führen, dass Menschen sich veränderten, denn sie hätten es stets mit hochintelligenten Maschinen zu tun, die eigene Rationalität verlöre an Bedeutung: Sich der zunehmenden Fremd-Berechnungen zu entziehen, würden Menschen künftig anarchischer mit flexibleren und verwirrenden Identitäten im Blick auf das Gefühl der Selbstwirksamkeit.

Die digitale Transformation der Gesellschaft macht auch nicht vor dem politischen System halt: Bots und Big Data Analysen in Wahlkämpfen, Leaks und Fake News in der Berichterstattung und neue digitale Partizipationsmodelle verändern die politische Kommunikation und Willensbildung dcr Zivilgcscllschaft.
Facebook als Radikalisierungsinstrument von Meinungen, Journalisten, deren Glaubwürdigkeit in Frage gestellt wird, autonom handelnde und entscheidende Maschinen werden in Sozialen Medien, Talkshows und Zeitungsartikeln diskutiert und auch reflektiert.
Weitreichende Auswirkungen sind selten, auch wenn sich eine Meldung letztlich dann doch als falsch herausstellen sollte.
Zahlreichen Falschmeldungen in sozialen Netzwerken werden durch Social Bots generiert; Automatische Accounts, die nicht von Menschen, sondern von Maschinen bespielt werden. Es ent-

steht der Eindruck, dass die ganze Welt der eigenen Meinung ist, Vorurteile werden dadurch verstärkt. Nutzer in dem sozialen Netzwerk bekommen von Intelligenten Suchalgorithmen idealerweise jene Suchergebnisse, die ihnen persönlich näher stehen. Diese vorausgewählten Informationen haben ein großes Potenzial der Einflussnahme. Beispielsweise habe Facebook gezeigt, welche Macht Algorithmen ausüben könnten: Unterschiedliche Informationen über das Wahlverhalten ihrer Freunde erhöhten die Wahlbeteiligung unterschiedlicher Gruppen von Nutzern erheblich und wirkten so signifikant auf politische Prozesse ein.

"Künstliche Intelligenz wird unsere digitale, erweiterte und physische Welt beherrschen. Wir können die Entwicklung nicht stoppen. Wichtig ist, dass sich die Menschheit anpasst und für die Zukunft lernt."

Fabian Westerheide, Experte für KI

3.3 KÜNSTLICHE INTELLIGENZ (KI)

Die Digitalisierung menschlicher Wissensfähigkeiten führt zur Künstliche Intelligenz (KI)[13]. Die vielschichtigen Dimensionen von Intelligenz umfassen vereinfacht auf der Grundlage von Wissen sensomotorische, kognitive, emotionale und soziale Fähigkeiten.
Mit der künstlichen Intelligenz (KI) versucht man die intellektuellen Fähigkeiten des Menschen mit Hilfe von Computern nachzuahmen. Unterschieden werden schwache und starke KI. Schwache KI bewältigen konkrete Aufgaben, die sich mit vorgegebenen Algorithmen bearbeiten lassen. Die starke KI geht darüber hinaus und sieht das menschliche Gehirn als eine Art Biocomputer an, dessen Fähigkeiten einschließlich des Bewusstseins und der Emotionen durch einen Computer vollständig nachvollzogen werden können.

KI ist allerdings keine unabhängige Reaktion des Computers, die logische Programmfolge, in der das Ganze abläuft, ist lediglich eine Art Nachahmung des menschlichen Denkprozesses. Die Kompetenz des logischen Denkens, des Urteilens und letztlich des Lernens wird dem Computer

[13] Künstliche Intelligenz (KI) auch AI , artifizielle Intelligenz (englisch artificial intelligence)

eingegeben aufgrund der technischen Voraussetzungen wie Speicherung von Datenmengen und der unvorstellbaren Auswertungsgeschwindigkeit von Lösungsmöglichkeiten.
Zunächst zielt die KI auf einzelne konkrete Fähigkeiten und auf die Implementierung von nützlichen digitalen Assistenten, die Menschen in ihren jeweiligen Handlungskontexten optimal unterstützen, sie stellt ein Unterstützungssystem dar, damit Nutzer besser, leichter und mit einer höheren Qualität ihren Alltag meistern. Intelligente Maschine handeln folgerichtig, schlüssig, in sich konsistent und ohne Abweichungen oder gar Fehler (?)
Als eine höhere Stufe der KI wird das künstliche Bewusstsein, die Simulation des menschlichen Denkens gesehen, das dann auf das umfassende künstliche Menschenähnliche abzielt.
In der nächsten Evolutionsstufe des Industrieroboters arbeitet NEXTAGE [14]in humanoider Gestalt mit menschlichen Kollegen in der Fertigung zusammen. Er befreit Menschen von leichten und sich wiederholenden Tätigkeiten.
Prozessführung und Optimierungsaktivitäten wären dann die kreativen und wertschöpfenden Aufgaben der „Entlasteten“. Mit seinen Menschen ähnlichen Bewegungen kann er leicht dort eingesetzt werden, wo normalerweise ein Mensch steht und seine Arme benutzt, um eine mühsame Arbeit

[14] CeBIT 2017, Kawada Robotics Corporation, Japan

auszuführen. NEXTAGE koexistiert mit menschlichen Wesen und arbeitet gleichzeitig zusammen mit konventionellen Robotern und speziellen Gerätschaften. Industrieroboter machen nun den nächsten Schritt in Ihrer Entwicklung, weg vom "reinen Gerät", hin zu einem "Partner". So arbeiten in Fabriken schon Hunderte von NEXTAGE, 24 Stunden und 7 Tage die Woche.

Diagnostikentwickler Curetis - ein Molekulardiagnostikunternehmen spezialisiert auf einfache und schnelle Lösungen für die Diagnose von schweren Infektionserkrankungen - und Bioinformatiker entwickelten im Kampf gegen antibiotikaresistente Bakterien mittels leistungsfähigen Algorithmen und einer riesigen Datenbank einen Resistenz-Schnelltest zur Lösung des stetig anwachsenden Problems in der Gesundheitsversorgung.

Einer der leistungsstärksten Computer der Welt - der Super-Computer Watson von IBM- besitzt ein Gehirn aus Kunststoff und Silizium, er kann sprechen, lesen, schreiben, Texte analysieren, Zusammenfassungen von Diskussion und Debatten erstellen.

Das Watson-System kann dank seiner differenziert abgestimmten Technik in sekundenschnelle Milliarden von Daten ordnen und analysieren: Es kann das Erbgut entschlüsseln und hilft in der Krebsforschung. [15]

„Künstliche Intelligenz kommt jetzt richtig in Fahrt, Künstliche Intelligenz ist auf dem Vormarsch", Harriet Green, Chefin der IBM-Watson-Projekte.

IBM selbst behauptet über das Watson-System: „Die kognitive Technologie kann denken wie ein Mensch." Sie ermögliche es, „jegliche Daten zu analysieren und zu interpretieren, inklusive unstrukturierter Texte, Bilder, Tonaufnahmen oder Videos"

Human-Machine-Interaction und Social Robotics seien die populären Begriffe der aktuellen Roboterentwicklung. Die neuen Apparaturen, und ganz sicher sogenannte „humanoide" (teilweise menschenähnlich) oder gar „androide" Maschinen (weitgehend menschenähnlich) kämen den Menschen dadurch nahe, da sie Funktionen übernähmen und Qualifikationen erhielten, die bisher ausschließlich leibhaftigen Menschen zugerechnet würden.

„Der Abstand zwischen Mensch und Maschine verringert sich, teilweise löst er sich ganz auf", so die Deutsche Akademie der Technikwissenschaften, 2016.

[15] Das Krebsforschungszentrum in Heidelberg war einer der ersten Anwender des Rechenwunders aus Amerika

KI-Systeme sind so eingerichtet, dass sie Millionen Berechnungen gleichzeitig ausführen, ihre Arbeit ständig evaluieren und in die anstehende Lösung neuer Aufgaben einbeziehen: Selbstreflexion. Das Kunsthirn besteht aus Hunderttausenden Computerchips, analog den Neuronen im menschlichen Gehirn: die Chips reagieren aufeinander, geben sich Signale. In den Steuerungs- und Schaltzentralen der Maschinen werden riesige Datensätze aufgebaut, optimiert und zur Selbstkorrektur genutzt.
„Wir nennen das auch Deep Learning“, Iryna Gurevych, Professorin für Informatik an der TU Darmstadt.

„Aber ich bin zuversichtlich, dass wir in der nicht allzu fernen Zukunft eine KI bauen werden, die schrittweise lernen wird, so klug zu sein wie eine Krähe oder ein Äffchen, zu planen und zu schlussfolgern und stets neue Probleme in leichter zu lösende (oder schon gelöste) Unterprobleme aufzuteilen. Unsere formelle Theorie des Spaßes erlaubt uns dabei, KI Neugierde und Kreativität einzuimpfen, um eines Tages künstliche Wissenschaftler und Künstler zu bauen.
Ist eine äffchenähnliche KI erst einmal erreicht, wird der Schritt zu menschenähnlicher KI meiner Ansicht nach nicht mehr groß sein. Die Evolution brauchte Milliarden von Jahren, um Primaten her-

vorzubringen, aber dann nur noch ein paar Millionen Jahre bis zum Menschen. Das legt nahe: Haben wir erst mal äffchenähnliche KI, wird menschenähnliche KI bald nachfolgen, mit grenzenlosen Auswirkungen. Jedes Geschäftsfeld wird sich ändern, die gesamte Zivilisation wird sich ändern, alles wird sich ändern“, [16] so Jürgen Schmidhuber.

Er plädiert außerdem für ein bedingungsloses Grundeinkommen, denn irgendwann erledigten Roboter viele Dinge, die heute Menschen täten. Diese Veränderung der Arbeitswelt führte zu einem neuen Besteuerungsmodell, um die Gesellschaft zu ernähren, wenn keine existenziell notwendigen Jobs mehr ausgeübt werden müssten.

---

[16] Jürgen Schmidhuber, wissenschaftlicher Direktor des Schweizerischen Labors für Künstliche Intelligenz (IDSIA) in Lugano. Er programmiert Roboter mit Lernalgorithmen auf bestimmte Tätigkeiten

Fortschritte in der Sensoren- und Robotertechnik, Entwicklung und Einsatz von Implantaten und mobilen Geräten und ihre Vernetzung in Kombination mit Systemen zur Sammlung und Übertragung der Daten sowie Visualisierungen, die deren Sichtung und Interpretation unterstützen, machen die Entwicklung immer komplexerer Systeme möglich.

3.4 OPTIMIERUNGEN

Neben einer umweltfreundlichen rückt zunehmend eine menschenfreundliche Wirtschaft in den Blickpunkt. Sie bemüht sich um das menschliche Wohlergehen, für die Gesundheit der Menschen mit ihren Produkten oder Produktionsweisen.
Ökologie, Ökonomie und Gesellschaft stellen ein globales Abhängigkeitsgefüge dar, diese Zusammenhänge verstärken den Blick auf die Gesundheit.
Dies betrifft physisch den gesunden Arbeitsplatz und psychisch die neuen Belastungen (z. B. Zeitdruck, Unsicherheit usw.)
Die Auseinandersetzung mit dem eigenen individuellen Gesundheitswissen und –streben wird als selbstverantwortliche Aufgabe entsprechend der gesellschaftlichen Erwartung gesehen.
Digitale Technologien ermöglichen und erweitern das Gesundheitsmanagement und verändern damit positiv den Gesundheitszustand selbst („Digividuum“) [17]
Die Erweiterung der menschlichen Möglichkeiten und Steigerung menschlicher Leistungsfähigkeit-Human Enhancement- erfährt mittels Medizin, KI, Robotik und Informatik einen stetigen Optimie-

[17] Verschmelzung von Mensch und digitaler Technologie

rungsprozess hinsichtlich körperlicher und geistiger Erweiterung: z. B. das Exoskelett, eine steuerbare Apparatur, die am Körper getragen wird, die Gehirn-Computer-Kopplung und Gehirntransplantate oder der Exocortex, ein künstliches externes Informationsverarbeitungssystem.
Die physische oder geistige Arbeit der Menschen wird stetig ersetzt: körperliche Arbeit durch Roboter und Maschinen, die Ablösung vieler geistiger Tätigkeiten durch Algorithmen.
Die selbstbestimmte Weiterentwicklung des Menschen mithilfe wissenschaftlicher und technischer Mittel dient der Überwindung des Natürlichen und treibt den Ausbau des Künstlichen voran, die Verbesserung und Optimierung kranker, gesunder, alter und junger Menschen, versorgt mit Wirkstoffen, Hilfsmitteln und Körperteilen im untrennbaren Verbund mit digitalisierten Technologien.
In Bezug auf die körperliche Erweiterung gehören z.B. Schönheitschirurgie (plastische Chirurgie), Doping (Leistungssteigerung durch Anabolika), Prothetik (integrierende Roboter) Implantation und Transplantation.
Der Robotik-Pionier Prof. Dr. Gordon Cheng sorgte mit seinem Auftritt im Rahmen des Deutschen Ärzteforums, Juni 2017 in Berlin, für Furore. Als einer der weltweit führenden Köpfe in der Entwicklung neurosensitiver Roboter, sog. "Brain-to-Robot", stellte er sein "Walk again Pro-

ject" vor. Querschnittsgelähmte lernen zunächst, sich mithilfe eines Exoskeletts, einer Art maschinell gesteuerten Overalls, fortzubewegen. Das Exoskelett, innen mit unterschiedlicher Sensorik ausgestattet, ermöglicht es, viele trotz der Lähmung noch verbliebene Bewegungssignale abzufangen und in Bewegung umzusetzen. Schon nach wenigen Monaten Training beginnt der Querschnittsgelähmte einzelne Bewegungen wieder wahrzunehmen und sogar zu steuern. Cheng erklärt das Phänomen mit der sog. ‚Neuronalen Plastizität', der Fähigkeit des Gehirns zur Neuorganisation.

Das Freiburger Exzellenz-Cluster „BrainLinks-BrainTools"[18] hat sich zur Grundlagenforschung an Neurotechnologien, der „Verschaltung" von Gehirn und avancierter Technik verschrieben. Die direkte Verbindung und "Verschaltung" technischer Komponenten mit dem Gehirn können sein: Elektroden, Kabel, Computer, Prothesen, die entweder Informationen aus dem Gehirn weiterverarbeiten, auslesen und in Maschinensprache übersetzen, oder sie wirken auf das Gehirn ein und stimulieren z. B. ganz bestimmte Areale elektrisch. Die Kombination von auslesender und stimulie-

18 Vgl.Professor Dr. Wolfram Burgard, Sprecher des Clusters BrainLinks-BrainTools/Institut für Informatik, Technische Fakultät
www.brainlinks-braintools.uni-freiburg.de

render Systeme ("closed loop") [19]ist ebenso denkbar.
Um neue klinische Anwendungen zu entwickeln, die schwer kranken Menschen neue Therapieoptionen bieten sollen, werden Disziplinen der Neurobiologie, der Ingenieurwissenschaften, der Robotik und der Medizin in neuartiger Weise zusammengebracht. Neurotechnologien können immer präziser die Hirnaktivitäten auslesen, um Prothesen direkt aus dem Gehirn steuern zu können. Außerdem werden Möglichkeiten erforscht, Elektroden in Gehirne zu implantiert, um beispielsweise insbesondere die Parkinson'sche Krankheit und Epilepsie zu „beherrschen".
Zur Datengewinnung und gleichzeitigen Intervention nach Auslesen von Nervensignalen mittels Elektrodenimplantate nahmen Forschenden der neurobiologischen Arbeitsgruppe[20] die Nervenaktivität auf elektrophysiologischem Weg auf, die Ableitung elektrischer Signale. Diese sogenannte Optogenetik beeinflusst des Zellverhaltens, die

---

19

Z.B. Ein Gerät, das automatisch den Blutzucker misst und über eine Insulinpumpe die richtige Menge Insulin abgibt

20 Prof. Dr. Ilka Diester und ihre Doktorandin Stephanie Hardung, Das Freiburger Exzellenzcluster BrainLinks-BrainTools

Nervenzellen werden gentechnisch so verändert werden, dass ihre elektrische Aktivität durch Licht kontrollierbar wird. Die Optogenetische Methode funktioniere schnell und zielsicher, zeige prinzipiell wenig Nebenwirkungen und die Veränderungen könnten jederzeit wieder rückgängig gemacht werden, so das Forschungsteam.

Durch eine zunehmende Automatisierung des Geistes werden erforderliche Denkleistungen von Computern übernommen, menschliche Geistestätigkeiten werden abgelöst. Erfahrung, Wissen bis hin zu Intuition werden durch Software nachgebildet, Statistiken, Optimierungs- und Wahrscheinlichkeitsrechnungen übernehmen Entscheidungen der Menschen.

Bezüglich der geistigen Erweiterung sind die entwickelten Computertechnologien hinreichend bekannt im Einsatz und in der Weiterentwicklung:

Smartphones, Smartwatches und Datenbrillen.

Augmented Reality, erweiterte Realität, die mit den Augen wahrnehmbare Umgebung wird um digitale Elemente erweitert, vor allem um die Darstellung zusätzlicher Informationen.

Die Virtual Reality hingegen lässt in eine irreale Welt eintauchen.

„Um die Digitalisierung der Wirtschaft weiter voranzubringen, bedarf es natürlich immer wieder branchenübergreifender Kooperationen. Dafür haben wir auch die „Plattform Industrie 4.0“ eingesetzt. Hier gibt es auch wieder Verbindungen zum Innovationstreiber Computerspiele. 3D, Augmented Reality, Virtual Reality, Künstliche Intelligenz – das sind High-Tech-Beispiele aus Ihrer Branche, die auch in der Industrie zunehmend an Bedeutung gewinnen.“[21] Computer- und Videospiele seien als Kulturgut, als Innovationsmotor und als Wirtschaftsfaktor von allergrößter Bedeutung, denn sie dienten der Unterhaltung. Aber sie könnten genauso Begeisterung für Wissenschaft und Technik entfachen. Es komme auf pädagogisches Geschick an, Kinder und Jugendliche auch auf ihrem Weg als Grenzgänger zwischen realer und virtueller Welt zu begleiten, so die Bundeskanzlerin Merkel.

---

[21] Bundeskanzlerin Merkel zur Eröffnung der „gamescom“ am 22. August 2017 in Köln

„Das Wachstum unserer Wissenschaft und Bildung wird mit neuem Wissen über unser Universum und unsere Umwelt bereichert, durch neue Techniken des Lernens und Kartierens und Beobachtens, durch neue Werkzeuge und Computer für Industrie und Medizin, für zuhause und für die Schule. Das ist ein atemberaubendes Tempo, und ein solches Tempo schafft zwangsläufig neue Übel, während alte beseitigt werden: neue Ignoranz, neue Probleme, neue Gefahren"

John.F.Kennedy,

Houston, 12. September 1962

3.5 SMARTE LEBENSWELTEN

Menschen verfügen über stetig wirkmächtigere und präzisere Eingriffsmöglichkeiten zur Gestaltung ihrer Lebenswelt nach eigenen Vorstellungen. Das Internet der Dinge bietet vielfältige Möglichkeiten für den Nutzer, seinen Alltag zu erleichtern, individuell zu gestalten und die Wohnqualität zu verbessern. Die durch Digitalisierung verbundene Automatisierung des Lebensbereichs Wohnen kann das Smart Home Erleichterungen bei der Haushaltsführung und der Bewältigung von Alltagsaufgaben bieten (z. B. Kochen in einer Smart Kitchen etc.), dies ermöglicht ein längeres selbstbestimmtes Leben in den "eigenen vier Wänden". Sensoren, Kameras, Rauchmelder und deren Vernetzung kontrollieren, überwachen und sichern den Wohnbereich. Schäden durch Einbruch, Feuer etc. können möglicherweise verhindert oder Gegenmaßnahmen schneller eingeleitet werden. Digitalisierte Geräte übernehmen zunehmend Alltagstätigkeiten, wie z. B Staubsauger, Rasenmäher usw., Zeitgewinn für andere soziale, kreative oder sonstige Tätigkeiten? Das „Smart Home“ bietet allerdings auch Konfliktpotenzial bezüglich der Privatheit.

Umfangreiches systematisches Erfassen (Monitoring) von Daten und Informationen von Verhalten, Gewohnheiten und Lebensweisen generieren mittels Sensoren und Kameras noch umfassender als das Smartphone Daten. Diese individuellen und spezifischen konkreten Datensätze können zu weitreichenden Kenntnisse über das alltägliche Leben des Nutzers führen: Digitale Datenbestände aus privaten Wohn- und Körperzonen werden generiert und ausgewertet. Die Programmierbarkeit, das Speichervermögen, die Sensoren und Kommunikationstechniken befähigen sie, online und autonom Informationen auszutauschen und sich aufgrund der Lernfähigkeit zunehmend selbst zu steuern.

Eine intelligente Auswertung riesiger Daten (von „Small zu Big Data") und die Kombination dieser aus unterschiedlichen Quellen generieren weitreichende Schlussfolgerungen (Trends, Muster, Gesetzmäßigkeiten etc.), damit lassen sich Zukunftsprognosen erstellen. Ziel ist die Berechenbarkeit des Lebens in einer zunehmenden Ökonomisierung des Wertesystems wie Effizienz, Quantifizierung und Leistungssteigerung.

Smart Home, Smart Metering (Verbrauchsmonitoring), Self-Tracking Devices (Fitnessarmbänder), Smart Car (vernetztes Auto), Smart Clothes, Smart TV, Smarte Tools etc. und weiter fortschreitende Implementierung digitaler Technologien bieten im alltäglichen Leben mehr Komfort, Effizienz und Sicherheit, aber gleichzeitig stellen sie eine Herausforderung für den Schutz der Pri-

vatsphäre und Selbstbestimmung dar, d.h., die Datafizierung der Privatsphäre birgt die Gefahr, dass das Recht auf Autonomie und Selbstbestimmung des Individuums eingeschränkt wird.
Die "Quantified-Self-Bewegung" verspricht, Fitness, Gesundheit und Leistung zu optimieren.
Eine Vielzahl an Produkten "Smart Clothes", "Smart Shoes", "Wearables", „Smart Watches" etc. messen permanent den Zustand und die Aktivität des eigenen Körpers, über die dazugehörige Smartphone-App kann der Trainingsfortschritt getrackt (nachverfolgt) werden. "Erkenne dich selbst durch Zahlen" („Selfknowledge through Numbers") ist der kategorische Imperativ dieser Welt- und Selbsterfahrungs-Ideologie. Ziel dieser Bewegung ist die totale Kontrollier- und Steuerbarkeit des eigenen Lebens. Die auf den Träger bezogenen Daten sind höchst sensibel, geben Aufschluss über Krankheiten, Lebensgewohnheiten wie Essen, körperliche Aktivität, Schlaf, Arbeitsleistung und künftig auch psychische Daten, diese können für Black-Box-Prognosen (durch Big Data Analytics) missbraucht werden. Durch Algorithmen wird den Nutzern so ein Scorewert zugewiesen, der ihr zukünftiges Verhalten prognostiziert. So kann es auf der Basis schon weniger Daten von einer Person zu Risikoeinschätzungen kommen.

Maschinen passen sich durch ständige Auswertung der Datenströme, verbunden mit sich selbst verbessernder Technologie, immer enger an hinsichtlich der Bedürfnisse der Nutzer, der Unternehmen oder gar an die des Staates und/oder der Gesellschaft. Algorithmen bestimmen den Arbeitsalltag und zusehends die Lebenswelten und beeinflussen wirksam menschliches Verhalten. Mit den technischen Möglichkeiten wächst der stetige Eingriff in den Alltag der Bürger und deren Einsicht, freiwillig auf die superintelligenten Maschinen zu hören. Diese „freiwillige Bevormundung“ oder maschinelle Bevormundung ("Nanny-Tech") weckt u. a. politische Begehrlichkeiten. Erkenntnisse zu menschlichem Verhalten sollten genutzt werden, um politische Ziele besser zu erreichen; so erklärt das Bundeskanzleramt 2015 das „Nudging"[22] zum politischen Interessenfeld der Bundesregierung. Der Staat als Lenker: Es sei eine gute Idee, wenn Menschen bessere Entscheidungen träfen, dabei aber weiterhin völlig souverän seien, so einige Politiker und Verbraucherschützer.

In den nächsten Jahren werde jedes Gerät ans Netz gehen. Der Trend werde jede Branche und jeden Lebensbereich erfassen, so Dave Evans,

---

[22] Nudging : Lenkung des Verhaltens der Menschen mit psychologischen und technologischen Tricks, i.d.R. Umgestaltung oder Einschränkung der Auswahlmöglichkeiten

Chief Futurist bei Cisco. Alles wird „smart“, von der Bildung über das Gesundheitssystem bis hin zur smarten Energie und Smart Homes. So präsentiert die 57. IFA in Berlin, 01.09.2017 („Ifa Next“), u. a. Innovationen neuer Produkte und Lösungen rund um Virtual Reality, Künstliche Intelligenz, Smart Living, Digital Health und das Internet der Dinge. Insbesondere die Vernetzung durch die Sprachsteuerung sei 2017 die treibende Kraft auf dem Smart-Home-Markt", soWolfgang Gründinger vom Bundesverband Digitale Wirtschaft. Intelligente Heizungen, Staubsauger, Waschmaschinen, Lampen und Zahnbürsten, digitale Assistenten Alexa und Google Home geben Auskunft, lesen Rezepte vor, schalten die Waschmaschine ein, fahren Rolläden herunter oder beleuchten den Keller, insgesamt sollen sie den Alltag erleichtern und Zeit sparen.

Mit der fortschreitende Verdatung der Welt durch die Konnektivität Mensch-Maschine-, Mensch-Maschine-Mensch- und Maschine-Maschine-Kommunikation werden aber auch Datenspuren hinterlassen: Von Computern, Handys und Web-Applikationen, auch Autos, Händlern mit Bonusprogrammen, medizinischen Geräte etc. Neben der Chance zur Weltverbesserung – zur ultrasmarten Gesellschaft- werden aber auch Phänomene der kaum sichtbaren Dehumanisierung befürchtet.

Die Ökonomisierung der Wertesysteme wird in allen Bereichen von der Digitalisierung dominiert. Mehr Chancengleichheit und ein gutes Leben für die Gesellschaft und dem Einzelnen verlangt aber verstärkt die Ausrichtung nach einer gesellschaftlichen Utopie und nicht nur überwiegend nach einer Technikutopie.

3.5.1 ARBEITSWELT

Künstliche Intelligenzen und Roboter bedrohten viele Arbeitsplätze, so namenhafte Wirtschaftswissenschaftler. Keine Einigkeit herrscht bei Ökonomen, ob die Robotik nun mehr Arbeitsplätze vernichtet, als sie schafft. Die Arbeitswelt von morgen wird andere Kompetenzen verlangen als heute, darüber besteht jedoch Konsens. Mit der zunehmenden Verquickung von Mensch und Maschine zeichnen sich ambivalente Konsequenzen ab. Der technische Wandel wirft grundlegende Fragen auf hinsichtlich Arbeitsplätze, Berufe und Tätigkeitsmerkmale, Verhältnis von Arbeit und Leben, Privatsphäre, persönliches Selbstverständnis und schließlich im Blick auf ein verändertes Menschenbild in der smarten Gesellschaft.
„Wir erschaffen eine Form von Intelligenzleistung, die irgendwann für uns alles übernehmen kann, sodass wir nicht mehr arbeiten müssen."[23]

Die renommierte University of Oxford behauptet in ihrer Studie, dass in den nächsten 25 Jahren 47 Prozent der Jobs in den weit entwickelten Ländern dieser Erde verschwinden werden. In Bereichen, die automatisierbar sind, können Arbeiter ihren

---

[23] Expertenkonferenz zu Gegenwart und Zukunft Künstlicher Intelligenz „Rise of AI", Berlin, 12.05.2017

Job verlieren, auch werden weniger Menschen in Bereichen arbeiten, die über routinemäßig ausgeführte Arbeiten hinausgehen.
Menschen werden vom Jobmarkt gedrängt und damit des ökonomischen und oft auch spirituellen Lebensmittelpunktes beraubt.
Die Zahl der „Entbehrlichen“ wird steigen, sie in die Gesellschaft zu integrieren, um ein sinnhaftes Dasein zu ermöglichen, wird dringende gesellschaftspolitische Aufgabe sein.
In diesem Kontext wird über die Idee des universellen bedingungslosen Grundeinkommens debattiert, finanziert durch eine moderne Maschinensteuer, einer Besteuerung der Arbeit der Roboter.
Andersartige Aufgaben und Kompetenzen müssen für die Menschen erfunden werden.
Höhere Qualifikationen verbleibender und neu entstehender Berufe müssen den neuen Anforderungen des digitalen Wandels begegnen, um langfristige Beschäftigungsfähigkeit zu sichern, was wiederum Anpassungen des Bildungs- und Sozialsystems zu Folge hat.
"Technik ist kein Selbstzweck. Man kann die tollste Technik haben, wenn es keine pädagogisch geeigneten Konzepte gibt, dann ist das rausgeschmissenes Geld.", so Bundesbildungsministerin Johanna Wanka.
Technologie an Schule und im Unterricht ist kein Selbstzweck, sondern vielmehr Ziel, Schülern eine

individualisierte, schülerzentrierte Lernerfahrung für künftige Herausforderungen zu ermöglichen. Entscheidende Kernkompetenzen sind Kreativität, das Lösen von Problemen, effektives Kommunizieren, Teamarbeit und die Fähigkeit, Strategien zu entwickeln, anzuwenden und zu entscheiden. Bildung muss Menschen in die Lage versetzen, ständig Neues aufzunehmen, zu analysieren und zu begreifen, immer im Bewusstsein, dass technologischer Fortschritt einem fortwährenden Prozess unterworfen ist

Neue Technologien werden kognitiv leistungsfähiger und praktisch geschickter, sie beginnen sogar kreative Fähigkeiten zu entwickeln durch Deep Machine Learning.

„Maschinelle Arbeitspartner" erhalten als menschlich angesehene, soziale, emotionale, ja sogar empathische Eigenschaften, sie werden „subjektiviert" bzw. „humanisiert", so Einschätzungen von Arbeitssoziologen.

Aber Menschen mit verschiedenen Fähigkeiten werden auch profitieren. In Bereichen, in denen Roboter ergänzend zu Menschen eingesetzt werden, erhöhen sie die Produktivität und sogar die Entlohnung.

Je kreativer die Arbeitsanforderung sein muss, desto geringer ist die Wahrscheinlichkeit, dass dieser von Computern erledigt werden kann. Dies gilt ebenso für Bereiche, die soziale Intelligenz

erfordern, wie überzeugen, pflegen oder verhandeln; denn das Erkennen von menschlichen Emotionen in Echtzeit stellt für Roboter immer noch (!) eine große Herausforderung dar, erst recht hinsichtlich der Fähigkeit intelligent darauf zu reagieren. Auch Aufgaben, die in einer unstrukturierten Arbeitsumgebung stattfinden, werden absehbar nicht so einfach ersetzt werden können, allerdings können die neuen Technologien viele banale Aufgaben durch maschinelles Lernen automatisieren, während komplexe soziale Interaktionen (Soft Skills) von robotisierten Technologien vorerst nur bedingt ansatzweise übernommen werden können.
Die Stärken sowohl des Menschen als auch der Roboter zu kombinieren, um erfolgreich komplexe Aufgaben zu erfüllen, erfordert in der Robotik die Kooperation (human-in-the-loop). Während Roboter überlegen sind, spezifische und sich wiederholende Aufgaben mit großer Geschwindigkeit und Präzision auszuführen, besitzen Menschen weit bessere kognitive Fähigkeiten und ein Bewusstsein in einer unstrukturierten Umwelt schwierige und schnelle Entscheidungen zu treffen.

Wie sich jedoch die digitale Evolution bei den Menschen auswirken wird, kann derzeit nicht beantwortet werden. Da sich die Menschen mehr auf die Informationssuche als auf das Erinnern verlassen, entwickle sich die Gehirnfunktion des Suchens, während sich die Gedächtniskapazität vermindere, befürchten Wissenschaftler.

3.6 ASSISTENZSYSTEME UND BEST AGER

Nach einem Arbeitsleben erwartet den älteren Menschen noch eine lange Lebensphase, die sowohl mit Chancen, Herausforderungen als auch natürlich mit Einschränkungen verbunden ist. So ist „Altwerden" in dieser Phase mit neuen Imperativen verbunden: jung und aktiv bleiben, Neues erlernen und erleben, sich weiter fortbilden, ehrenamtlich aktiv werden etc.

Die Silver Society charakterisiert eine niedrige Geburtenrate und eine hohe Lebenserwartung. Diese Altersgruppe erfährt Bezeichnungen wie Golden Ager, Silver Ager, Generation 50Plus, Mid-Ager, Generation Gold oder Master Consumer, Best Ager, sie signalisieren gewaltige Möglichkeiten dieser Generation.

Grenzen zwischen den Generationen verschwimmen, neue Lebensstile formen ein buntes Bild des Alterns, neue Lebenswelten werden generiert. Familie, Arbeitskräfte, Gesundheitssysteme, Bildung, Mobilität, urbane Entwicklung u. a. warten auf Lösungen aufgrund immenser Veränderungen. Eine Multi-Aging-Kultur mit unzählbaren individuellen Formen des Alterns entwickelt sich:

Menschen erreichen ein hohes Alter bei kaum eingeschränkter Gesundheit aufgrund medizinischer Fortschritte und bewusstem individuellen Gesundheitsverhalten. Das gefühlte Alter liegt etwa 10 Jahre unter dem biologischen Alter, was wiederum die Lebenszufriedenheit steigert. Der Gesundheitsmarkt boomt und bedient eine stets wachsende Konsumentengruppe. Mehr hilfs- und pflegebedürftige Hochaltrige treiben den Gesundheits-, Pflege- und Sozialsektor an. Die Generation 50 plus ist konsumgewohnt, technologisch beschlagen und kaufkräftig. Ein wachsender Markt im klassischen „ersten Gesundheitsmarkt“ wie Ärzte, Krankenhäuser, Krankenkassen, Pflege-, Pharma- und Biotechnologieunternehmen sowie Medizintechnik wird durch den „zweiten Gesundheitsmarkt“ ergänzt: alternative Medizin, Coaching, - Wellness - und Sportanbieter, Ernährungsberater in der Lebensmittelbranche.

Ein besonderes dynamisches Wachstumsfeld liegt im Bereich der Assistenzsysteme, „Ambient Assisted Living“. Altersgerechte Assistenzsysteme für ein gesundes und unabhängiges Leben‘ (AAL) mit Produkten und Dienstleistungen gestalten die Lebensräumen älterer Menschen zur Bewältigung des Alltags - weitgehend ohne fremde Hilfe.

Die Automation des häuslichen Umfelds, Steuerungstechnik, Kommunikations-Infrastrukturen, Mobilitätskonzepte, auch die Integration von Hilfsrobotern ins tägliche Leben erfordern individuelle Lösungen für einen smarten Lebensraum. Dazu zählt auch die Entwicklung von Mobilität und urbanem Raum.

Um möglichst selbstbestimmt agieren zu können, werden Fahrassistenzsysteme im Automobilbau entwickelt, auch ein starkes Wachstum von Hol- und Bringdiensten sowie Pflegeservices verlangen nach einem veränderten Verkehrskonzept im Blick auf Achtsamkeit und Geschwindigkeitsreduktion. Die Suburbanisierung nimmt ab, die neue Attraktivität der Innenstädte lässt die Einwohnerzahlen wachsen.

Die Alterung wird die Lebensart massiv verändern: Städtebau, Wohnungsbau, Verkehr und Tourismus sowie die Gesundheitsbranchen werden von der Alterung in hohem Maß betroffen sein und sich Märkte mit gewaltigen Ausmaßen eröffnen können. Smarte Lösungen für die Best Ager berücksichtigen, dass diese qualitätsbewusst, konsumfreudig, wissbegierig, aktiv, selbstbewusst sind. So informiert die Publikumsmesse „Die 66" (19. bis 21.5.2017, München) umfassend mit Vorträgen, Workshops, Bühnenshows und vielen prominenten Gästen über Lebenslust, Gesundheit und Dienstleistungen für Alte und Junggebliebene. Bereiche wie Mode, Beauty, Reise, Sport, Gesundheit, Wohnen und Technologie werden anschaulich thematisiert, alles was die Best Ager bewegen.

Neben den stationären und ambulanten Sektoren wird sich zusehends der digitale Sektor im Gesundheitswesen etablieren. Zentrale Bedeutung wird das Smartphon erhalten, das mit seiner künstlichen Intelligenz schnell, effizient und insbesondere wegen des Kostendrucks ein neues lukratives Geschäftsmodell darstellt. Anwendungen der digitalen Medizintechnik sind schon jetzt vielfältig und werden weiter ausgebaut: neue Software unterstützt den Arzt bei der Diagnose z.B. Herz- und Atemfrequenz, EKG, Blutzuckerspiegel und Hirnströme messen, usw. mittels Bilder vom Smartphon.

Online Diagnosen und intelligente Messgeräte machen den Arztbesuch mitunter entbehrlicher, der Patient kann zwischen den Optionen wählen, er wird direkt davon profitieren. Bereits jetzt kann ein Computeralgorithmus Herzerkrankungen besser voraussehen als herkömmliche ärztliche Methoden. So wird sich der Arztbesuch in vielen Bereichen verändern, denn die intelligente Software wird nicht nur den Arzt unterstützen sondern auch Mustererkennungen übernehmen. „Der Dammbruch komme dann, wenn digitale Systeme besser und preiswerter seien als Ärzte“ [24]

Dank des Smartphones mit einer App und Sensoren kann jeder zu jeder Zeit Untersuchungen auch außerhalb einer Arztpraxis durchführen.

Ein Schwerpunkt der gemeinsamen Frühjahrstagung des Deutschen Hausärzteverbandes in Mainz,

[24] „App auf Rezept“, S.70, Der Spiegel, 29/20

05.05.2017, befasst sich mit der Digitalisierung und insbesondere mit der Frage, wie telemedizinische Anwendungen die hausärztliche Versorgung ergänzen können.

Versorgungsassistentinnen in der Hausarztpraxis (VERAH®), organisieren Hausbesuche, bei denen keine ärztliche Konsultation notwendig ist, sind mit Rucksack ausgestattet, in dem sich unter anderem ein 3 - Kanal - EKG, ein Pulsoximeter und ein Spirometer befinden. Sie können so beim Patienten zu Hause Vitaldaten erheben und direkt in die Praxis zum betreuenden Hausarzt senden, der sich bei Bedarf über Videotelefonie hinzuschalten kann. Die Verantwortung liegt dabei immer beim Hausarzt.

Der „TeleArzt“ stellt sicher, dass die Hausarztpraxis als zentraler Ort, sinnvoll zur Stärkung und Sicherung der hausärztlichen Versorgung dient.

„Digitalisierung darf nicht bedeuten, dass Patienten mit der Technik allein gelassen werden“, so Dr. Burkhard Zwerenz, Vorsitzender des Hausärzteverbandes Rheinland - Pfalz.

Ein ehrgeiziges Ziel wird mit dem „empathischen Fahrzeug“ verfolgt. Es besitzt ein Analysesystem für verschiedene Gesundheitsparameter, das den aktuellen Zustand des Fahrers erkennt und sich dann entsprechend darauf einstellt. Mittels intelligenter Algorithmen lernt das Auto den Fahrenden über die Zeit immer besser kennen, ein idealer digitaler Beifahrer zum stressfreien Navigieren. Daten von Fahrzeugsensorik und Wearables wie etwa Smartwatches und Fitnessbänder, werden zu einer App auf das Smartphone und dann weiter an das Auto vermittelt.

Darüber hinaus soll der Datenaustausch durch Vernetzung der Fahrzeuge und Verkehrsinfrastruktur in den kommenden Jahren die Verkehrssicherheit und -effizienz steigern, auch als "Car-to-X-Kommunikation“ oder „Car-to-Car“ (C2C) und Car-to-Infrastructure (C2I) bezeichnet. [25]

So informiert die webbasierte Dispositions-Software IVENA („Interdisziplinärer Versorgungsnachweis“) in Echtzeit Kliniken und Rettungsdiensten über aktuelle Versorgungskapazitäten und Ressourcen.

Alle technologische Revolutionen- besser vielleicht Evolutionen- generieren neue Applikationen und Arbeitsabläufe: Tiefgreifende Veränderungen schaffen Neues und vernichten auch Altes. Obwohl Widerstand und Angst gegen eine Algorithmen geprägte Cyberwelt noch groß ist, es gibt keinen Weg zurück.

---

[25] Vgl. Lisa Feldmann in http://blog.audi.de/2017/01/16/audi-fit-driver-2/,

Mit der Verschmelzung von Medizin und Informationstechnologie über diagnostische und therapeutische Applikationen bietet „Digital Health“ einen niedrigschwelligen Zugang zu bester medizinischer Versorgung.
Laborwerte, Röntgenbilder und Anamnesedaten sind überall verfügbar zu haben und verbinden sich via Smartphone mit Ärzten und angeschlossenen Krankenhäusern.
Mit “Electronic Health Companion” wird die nächste Evolutionsstufe angestrebt:
Wie ein Leibarzt begleitet ein Electronic Health Companion Gesunde und Kranke durch Ihren Alltag.
Der weltweite Markt für mobile Gesundheit (eHealth oder mHealth) sorgt insbesondere für einen verbesserten Austausch von Gesundheitsdaten zwischen allen Beteiligten unter Gewährleistung von Datenschutz und Datensicherheit. Digitale Vernetzung könne Leben retten und stärke die Patienten. Es bestehe also kein Zweifel daran, dass die Digitalisierung den medizinischen Alltag künftig immer mehr verändern werde, so auch Bundesgesundheitsminister Hermann Gröhe,

„Wir können die Zukunft nicht komplett voraussehen, aber wir können unsere Organisationen, Denkweisen, Systeme „evolutionstauglicher" gestalten".

Matthias Horx

4. ULTRASMARTE KONNEKTIVITÄTEN

Die Entwicklung der künstlichen Intelligenz lässt sich nicht aufhalten, weder Schreckensszenarien und Verteufelungen sind daher hilfreich noch pure Euphorie. Entscheidend zentral ist die Frage, ob und wie der Mensch psychisch mit der rasanten Entwicklung mithalten und als Mensch bestehen kann.

Algorithmen, intelligente Software und Roboter können immer mehr Dinge, zu denen noch vor Kurzem allein der Mensch fähig war. Ein riesengroßer Computer wird als Fabrik der Zukunft gesehen: Alles ist mit allem vernetzt, Maschine spricht mit Maschine und Produkte werden wunschgemäß und maßgeschneidert angefertigt, noch effizienter und individueller.

Für diese neuen Anwendungen in der vernetzten Wirtschaft wurde auch die Blockchain-gestützte Automatisierung entwickelt: Blockchains [26] inte-

[26] Eine Blockchain ist eine große Datenbank, die nicht auf einem einzigen Server liegt, sondern dezentral auf viele Rechner verteilt ist und jeder Teilnehmer im Prinzip die gleichen Zugriffsrechte hat, sie wird als das disruptive Konzept der IT und der Geschäftswelt bewundert. Vgl. http://www.datacenter-insider.de/blockchain-im-datencenter-kryptoverkettung-von-iot-a-601289/

grieren IoT- Endgeräte, eine Verkettung kryptographierter Transaktionen.
Welche Rolle wird der Mensch in dieser ultrasmarten Welt spielen, nur eine Maschine im Internet der Dinge? Die Gesellschaft als smarte Produktionsstätte zur Prozessoptimierung?
Aber der Mensch ist mehr als Maschine, er hat Geist durch den sich der Körper (Maschine) ausdrückt. Sorgt jetzt die Algorithmisierung der Gesellschaft für das stetige Abnehmen der Autonomie des Einzelnen?
Grundlegende Fragen des Menschseins scheinen betroffen:
Führt die künstliche Intelligenz zum Wohle der Gesellschaft oder aber zu einer Spaltung der Gesellschaft in zwei Klassen: in eine nutzlose Masse und in eine gottgleiche Elite, so die Gedanken des israelische Historiker und Bestseller-Autor Yuval Harari [27]
Das 21. Jahrhundert werde die Erschaffung der Klasse der „Nutzlosen“ erleben, Menschen ohne wirtschaftliche Bedeutung und dadurch auch ohne politische Macht. Selbst wenn es gelänge, all diese "Nutzlosen" ökonomisch zu versorgen, worin bestehe dann der Sinn deren Lebens, fänden sie ihren Lebenssinn im Computerspiel, indem sie in virtuelle Welten eintauchten, ihren Emotionen

[27] Vgl. Yuval Harari: "Homo Deus. Eine Geschichte von Morgen" Verlag C.H.Beck, München 2017

auslebten, intensiver als in der analogen Welt? so die Gedanken Hararis.
Auf der anderen Seite werde im Zusammenspiel zwischen Körpern mit Maschinen der Mensch so verbessert, bis er gottgleich und eine neue Menschenart, „Homo Deus“ entstanden sei. Die Menschen versuchten, sich zu Göttern upzugraden, göttliche Fähigkeiten zu erwerben. Sie begännen sich selbst zu verbessern, nach ihren Wünschen mithilfe der KI Körper, Gehirne und Geist herzustellen und Leben nach ihren Wünschen zu schaffen, bis hin zum Abschaffen des Todes.
Die Sehnsucht nach einem „Neuen Menschen“ ist mit den Erwartungen verbunden, mittels biotechnologische Eingriffe in den Körper der Menschen diesen bis hin zur Unsterblichkeit zu perfektionieren.
Über die Verbesserung und Optimierung des Menschen, kranke oder gesunde, mit Wirkstoffen, Hilfsmitteln und Körperteilen, etabliert sich die selbstbestimmte Weiterentwicklung des Menschen mithilfe wissenschaftlicher und technischer Mittel.

Anthropologische Überlegungen zur moralischen Legitimität werden von Vorstellungen im Blick auf „Menschsein“ geleitet, was ein „normales“, „natürliches“ menschliches Leben ausmacht: extreme Langlebigkeit, grenzenlose Leistungsfähigkeit, Autonomieverlust oder – gewinn etc.?

In der Sozialpsychologie werden Menschen im gesellschaftlichen Kontext unter den Dimensionen der Dualität von „Agency“ und „Communion“ betrachtet, so genannte „Big Two“ [28]menschlichen Lebensglücks.
Agency betont Kompetenz und Kontrolle: Selbstbewusstsein, Zielstrebigkeit und Einsatzwille, Selbstbehauptung, Selbstentfaltung und Durchsetzungsvermögen.
Communion hingegen betont menschliches Streben nach Gemeinschaft und sozialen Beziehungen: Empathie, Vertrauenswürdigkeit, Hilfsbereitschaft, Freundlichkeit, Verlässlichkeit und Fairness. Beide Eigenschaften im Verbund sind für menschliche Selbst-, Fremd- und Gruppenwahrnehmung unabdingbar.

[28] Vgl. http://www.report-psychologie.de/news/artikel/wie-beeinflussen-werte-die-lebenszufriedenheit-2015-01-07/

5. ETHIK und TECHNOLOGIE

Technologiepolitische Kontroversen und ethische Kontroversen können nicht unabhängig voneinander gesehen werden, denn im Wesentlichen tangieren sie gesellschaftliche Normen- und Wertgefüge. Grundlegende Werten der in einer Gesellschaft zusammenlebenden Menschen werden im gesellschaftspolitischen Diskurs entschieden, die Frage nach der Akzeptanz und dem kompetenten wie selbstbestimmten Umgang der Menschen mit den Entwicklungen der Informations- und Kommunikationstechnologien. Ein neues Bewusstsein erwächst aus einem komplexen und kontinuierlich sich weiterentwickelnden Wechselverhältnis wissenschaftlicher und technischer Innovationen mit der Gesellschaft. Eingriffs- und Steuerungsmöglichkeiten der Menschen werden von ethischen Wertentscheidungen bestimmt.

Neue Technologien sollten die Gesellschaft verbessern – ohne Einschränkungen von Freiheit und Würde. Erkennbare ethische Prinzipien für eine Gesetzgebung -Ethik-Charta oder Verhaltenskodex- sind das Gebot, zum Wohl der Menschheit, für die Würde der Menschen, ihrer Privatsphäre und Freiheit.

Interaktion zwischen Mensch und Maschine, Systeme, die menschliche Gefühle erkennen, interpretieren und simulieren können, sind Forschungsschwerpunkte des "Affective Computing" zur Entwicklung von sozialen Robotern. Kritische Entscheidungen im ethischen Bereich, oder im Bereich von Gesetzen, sollen aber nicht den Maschinen alleine überlassen werden, sondern Menschen treffen und verantworten letztendlich die Entscheidung.

Spezifisch menschliche Leistungen, wie Denk- und Steuerungsfähigkeiten, auch Defizite und Entscheidungen aufgrund eigener Intelligenz prägen menschliche Wertvorstellungen, ethische Haltungen und Orientierungen.
Eine Digitalethik ist in der Pflicht, Menschen zu angemessene Handlungsentscheidungen in privaten oder beruflichen Kontexten zu befähigen mit dem Ziel eines gelingenden Lebens individuell und gesellschaftsbezogen. Bereits ausgehandelte Werte und gesetzliche Regelungen wären sinnvoll auf die neuen technologischen Entwicklungen zu übertragen:
Eine ausgleichende Abwägung zwischen Freiheit und Selbstbestimmung einerseits und einer effizienten potenziell besseren Entscheidung einer intelligenten Maschine andererseits.
Die Autonomie des Individuums müsste sichergestellt werden, sein Recht auf Widerspruch gegen die Entscheidungen einer KI, Transparenz über die Art und Weise wie Algorithmen entscheiden

sowie sein Recht auf Unwissenheit, beispielsweise im Bereich der Genetik.

Mangelnde Aufklärung über die Folgen des zunehmenden Verlusts der Handlungs- und Entscheidungsfreiheit und die mangelnde datenökologische Verantwortung der Unternehmen und Politik treffen die Privatsphäre der „datafizierten“ Nutzer. Die Marktmacht bezüglich digitaler Angebote, Infrastruktur und Entwicklung seien auf wenige Unternehmen konzentriert, eine „digitale Oligarchie“, so Prof. Dr. Petra Grimm, Leiterin des Instituts für Digitale Ethik an der Hochschule der Medien in Stuttgart.

Das bedeutet, dass eine humangerechte Einbindung intelligenter Systeme in hochkomplexe Gesellschaften eine gesamtgesellschaftliche Aufgabe darstellt: Technologische Entwicklung sollte nicht nur Prozesse optimieren und ökonomische Effizienz erzielen, sondern auch Lebenssituationen verbessern, Handlungsmöglichkeiten erweitern und Autonomie bewahren, das ist keine individuelle Angelegenheit. Die zentrale ethische Herausforderung verlangt, intelligente Systeme humangerecht und werteorientiert im gesellschaftlichen Konsens die Mensch-System-Interaktion kontrollier- und steuerbar zu gestalten.

Es liegt an jedem Einzelnen, zu überlegen, wie Zukunft im Blick auf Selbstbestimmung, Meinungsfreiheit, Solidarität, Souveränität etc. zu

gestalten und entwickeln sein wird, mit dem Ziel z.B. selbstlernenden Maschinen (Machine Learning, Deep Learning) ethische Werte und Normen schon in der Entwicklung zu implementieren.
Ethisches Handeln sollte den Algorithmen anvertraut werden. Aufgrund ihrer intimen Einsichten, ihres absoluten Gedächtnisses und der Fähigkeit, widersprüchliche Normen sekundenschnell und kontextabhängig gegeneinander abzuwägen, haben sie den entscheidenden Vorteil eines „objektiven“ ethischen Moral- und Verhaltenskodexes. Dieser mag für Maschine und Mensch gleichermaßen als Anreiz zur permanenten Selbstoptimierung dienen, als moralischer Kompass, um on demand ethisch „korrekte” Entscheidungen zu treffen, so das Postulat von Nell Watson. Eine Überlebenschance der Menschen sieht der schwedische Philosoph Nick Bostrom[29] nur dann, wenn es gelänge, Maschinen, zutiefst menschliche Moralvorstellungen einzuprogrammieren.
"Person" und die "personale Identität" sind Grundbegriffe der Ethik, deswegen haben Integrität und Würde von Personen für die ethische Einschätzung von technischen Interventionen oberste Priorität.

[29] Vgl. Nick Bostrom, Superintelligenz: Szenarien einer kommenden Revolution, Surkamp 2014

Mit dem Personbegriff verbinden sich zentrale menschliche Eigenschaften wie Selbstbewusstsein, Verantwortungsfähigkeit und Zukunftsplanung etc., die Menschen zugesprochen werden und anerkannt und garantiert werden müssen.

5.1 Assistive Technologien

Einsatz von Technologien reichen von Hilfen für beispielsweise Seh- oder Hörbehinderte, Smart Home Applikationen, die den Lebensalltag unterstützen, bis zu speziellen Applikationen im Bereich Rehabilitation sowie Therapie und sensorunterstützter Überwachung von Menschen mit chronischen Erkrankungen.
Die viel versprechenden Entwicklungen sollten jedoch auch ethische Aspekte der Verlagerung von Teilen der Überwachung, Therapierung und Rehabilitation von Menschen mit chronischen Erkrankungen und Behinderungen in das häusliche Umfeld berücksichtigen.
Ethische Aspekte, die bei der Nutzung der Technologien im Lebensalltag entstehen, zielen auf Fragen der Verantwortung, von Autonomie, Abhängigkeit und Fürsorge, Datenschutz etc.
Mit dem Einsatz von Technologien wandeln sich beispielsweise auch Formen persönlicher Betreuung und Kontakte, Übernahme der Verantwortung und Überwachung.
„home care technologies", Technologien zur Unterstützung und Versorgung im häuslichen Umfeld, betreffen u. a. Menschen mit kognitiven Beeinträchtigungen, eingeschränkter Einsichtsfähigkeit, chronischen Erkrankungen und Behinderun-

gen, insgesamt auch alle dem Alterungsprozess unterworfenen Einschränkungen.
Assistive Technologien zielen auf lange Aufrechterhaltung der Unabhängigkeit, die Fähigkeit nach eigenen Vorstellungen zu leben und gleichzeitig an der Gesellschaft teilzuhaben, in soziale Zusammenhänge wie Familie und Freundschaften einzubinden und Mobilität zu gewährleisten.
Der Einsatz von komplexen Assistive Technologien im häuslichen Bereich erfasst zunehmend auch Interaktivitäten mittels Sensoren zum Umgebungs - und Verhaltensmonitoring, was wiederum die Frage nach Umgang mit Abhängigkeit einer Person von technischen Geräten aufwirft: Konsequenzen und Rechenschaft von Fehlern in der Interpretation und Bedienung komplexer Technologien oder die kontinuierliche Überwachung von Menschen mit fortgeschrittener Demenz. Der Einsatz der Technologien dient im Allgemeinen zum Ausgleich von Einschränkungen des Sehens, Hörens, der Mobilität und geistiger Einschränkungen sowie zur Unterstützung der kontinuierlichen Überwachung (Monitoring) und der Therapie.
Viele ältere Personen wollen möglichst lange im gewohnten Umfeld ihrer eigenen Wohnung leben, aber können auf keine dauerhafte Betreuung

(Verwandte) und Versorgung zurückgreifen. Hier kommt der Roboterassistenten Care-O-bot®[30] zum Einsatz- die Produktvision eines mobilen Roboterassistenten zur aktiven Unterstützung des Menschen im häuslichen Umfeld. Seine vielfältigen Interaktionsmöglichkeiten und erhöhte Agilität und Expressivität erweitern seinen Arbeitsbereich dank patentierter Kugelgelenke für den Kopf- und Hüftbereich und der Möglichkeit einer 360-Grad Drehung von Kopf und Torso. Die Kommandierung des Roboters kann durch ein Call-Center ferngesteuert werden.

Soziale Umgangsformen sind unabdingbar für die Akzeptanz interaktiver Serviceroboter. Care-O-bot 4 ist in der Lage, je nach Situation mehrere Stimmungen über sein im Kopf integriertes Display anzuzeigen, in Anlehnung sozialer Rollenbilder. Der Roboterassistent gleicht einem zuvorkommenden, freundlichen und sympathischen Butler.

Mit der häuslichen Versorgung steigt allerdings die Abhängigkeit der zu Betreuenden und damit kann auch die Autonomie der Patiententenentscheidung problematisch werden: Eine wesentliche Voraussetzung für Autonomie ist die Transparenz der Technologien selbst.

---

[30] Produkt vom Fraunhofer-Institut für Produktionstechnik und Automatisierung IPA, 2015

Technisch gelenkte Interventionen sollten für die Betroffenen erklärbar sein und auf Einsicht setzen, wiederum vom Bildungsgrad der Betroffenen abhängig.

Die Patientencompliance setzt einerseits die Bereitschaft voraus, ärztlichen Anweisungen zu folgen, andererseits muss der Arzt therapeutische Anweisungen und Strategien auf die Möglichkeit und Wünsche des Patienten abstimmen, denn diese unbedacht und ohne die notwendige Einfühlung ihrer Autonomie zu überlassen, ist die Kehrseite von Paternalismus.

5.2 SOZIALETHIK in MEDIZIN und PFLEGE

Die sozialethische Bewertung Assistiver Technologien geschieht auf der Grundlage einer kritischen Analyse des gesellschaftlichen und politischen Kontextes d.h., der gegenwärtigen Diskurse über Alter(n), Gesundheit und Krankheit, Ressourcenallokation im Gesundheitswesen. Ressourcenorientierte Auffassungen des Alterns stehen defizitorientierten gegenüber.

Die Virtualisierung menschlichen Lebens durch Assistive Technologien zeigt ein weiteres Problem auf. So können Videokonferenzen über TV mit Angehörigen bzw. Betreuern ein wirksames Mittel gegen Einsamkeit und Depressionen sein, ersetzen aber nicht persönliche Begegnung und körperlichen Kontakt (Berührungen, Umarmung, Händeschütteln, Wahrnehmung von Gerüchen usw.)

Medizinische Forschung und Pflegeforschung unterliegen der Kontrolle durch Ethikkommissionen. Die WMA Deklaration von Helsinki des Weltärztebundes beschreibt Ethische Grundsätze für die medizinische Forschung am Menschen. So legt der Internationale Kodex für ärztliche Ethik fest: „Der Arzt soll bei der Ausübung seiner ärztlichen Tätigkeit im besten Interesse des Patienten handeln“.

Medizinischer Fortschritt beruht auf Forschung, die letztlich auch Studien am Menschen beinhalten muss. Vorrangiges Ziel der medizinischen Forschung am Menschen ist es, die Ursachen, die Entwicklung und die Auswirkungen von Krankheiten zu verstehen und die präventiven, diagnostischen und therapeutischen Maßnahmen (Methoden, Verfahren und Behandlungen) zu verbessern. Selbst die nachweislich besten Maßnahmen müssen fortwährend durch Forschung auf ihre Sicherheit, Effektivität, Effizienz, Verfügbarkeit und Qualität geprüft werden.“ [31] Es sei die Pflicht des Arztes, der sich an medizinischer Forschung beteiligte, das Leben, die Gesundheit, die Würde, die Integrität, das Selbstbestimmungsrecht, die Privatsphäre und die Vertraulichkeit persönlicher Informationen der Versuchsteilnehmer zu schützen. Alle Vorsichtsmaßnahmen müssten getroffen werden, um die Privatsphäre der Versuchspersonen und die Vertraulichkeit ihrer persönlichen Informationen zu wahren.

Von potentiellen Versuchspersonen (Einwilligung nach Aufklärung - „informed consent“),

bei denen identifizierbare menschliche Materialien oder Daten zu Forschungszwecken verwendet werden, wie zum Beispiel in Biobanken oder ähnlichen Depots enthaltenes Material oder Daten, müssen Ärzte für ihre Sammlung, Lagerung

[31] Vgl. Präambel 64. WMA-Generalversammlung im Oktober 2013, Fortaleza (Brasilien) und Grundsätze der Genfer Deklaration des Weltärztebundes

und/oder Wiederverwendung eine ‚Informierte Einwilligung’ einholen.

5.3 ETHIK und RECHT

Den autonomen Maschinen müssen Maßnahmen zur Risikominimierung implementiert werden. Die Risiken müssen kontinuierlich überwacht, eingeschätzt und dokumentiert werden, um sie zu minimieren und zu modifizieren, wenn sie hinter den potentiellen Nutzen bleiben.

Problematisch erscheint derzeit die Übersetzung menschlicher Ethik in die Sprache autonomer Roboter, die Entscheidungen über Menschen treffen können: Medizin, Militär und jegliche autonome Systeme in den gesellschaftlichen Lebenswelten verlangen maximale Sicherheit, Konformität mit sozialen Normen und Vertrauen. "Es ist noch eine Menge Forschung nötig, bis wir künstliche Intelligenz dazu bringen können, bei ethischen Konflikten sinnvoll zu urteilen", erklärt der Philosoph Marcello Guarini von der University of Windsor in Kanada.

Ethisch agierende Roboter könnten entscheidenden Einfluss auf die Zukunft der Robotik haben. Menschen fürchten sich allgemein einfach vor Robotern, wenn sie nicht genau wissen, was diese tun, deswegen bevorzugen viele Informatiker das regelbasierte System zur Beruhigung der Menschen. Das Vertrauensverhältnis wird dann verbessert, wenn das Handeln der Roboter aufgrund von Analysen begründbar und offen gelegt wird,

d.h. die zu entwickelnde Software für ethisch agierende Maschinen sollte immer zu Ergebnissen gelangen, die nachvollziehbar sind.
Dem gegenüber stehen Entwicklungsideen des maschinellen Lernens, dass Roboter aus der Erfahrung lernen können. Das würde sie insgesamt flexibler und nützlicher machen als die starr programmierten Systeme.
Beide Ansätze auf eine praktikable Art und Weise miteinander zu vereinen, wäre die optimale Lösung, so argumentiert eine Mehrzahl der Wissenschaftler. Ethische Fragen verbunden mit rechtlichen Regelungen sind im Einsatz von autonomen Systemen nahezu ungelöst, denn auch ethische Entscheidungen von Menschen werfen im Rechtssystem immer wieder Fragen auf.
In Ferdinand von Schirachs "Terror" stellt sich die Frage nach ethischem Handeln:
Ein Terrorist kapert eine Passagiermaschine und zwingt die Piloten, Kurs auf ein voll besetztes Fußballstadion zu nehmen. Gegen den Befehl seiner Vorgesetzten schießt ein Kampfpilot der Luftwaffe das Flugzeug in letzter Minute ab, alle Passagiere sterben. Der Pilot muss sich vor Gericht für sein Handeln verantworten. Urteil: Schuld oder Unschuld ?
Welche ethische Entscheidung soll, wird, kann, muss eine autonome Maschine z.B. das selbstfahrende Auto im autonomen Verkehr treffen?

Wie ist das Auto zu programmieren, das einerseits vorgegebenen Regeln befolgt und sich andererseits an die Situation auf der Straße anpasst. Wenn die schlechten Folgen als Mittel zur Erreichung der guten Folge eingesetzt werden, ist das moralisch verwerflich (verboten), falls absichtsvoll, also Gegenstand des Wollens. Allerdings moralisch erlaubt, wenn die schlechten Folgen nur unbeabsichtigte Nebenfolgen sind. [32]
Gesetze schaffen Sicherheit, das Rechtssystem verlangt aus diesen Gründen einen starken Rechtsgehorsam. Gesetze wollen unmittelbar das Verhalten regulieren, das erwartete Verhalten wird als ethische Handlung begründet. Ethische Haltungen, Handlungen und Entscheidungen in Konfliktsituationen autonomen Maschinen, Systemen und Robotern zu implementieren, dürfte nach dem Stand der derzeitigen Digitaltechnologie nur in Science Fiktion Phantasien realisierbar sein. Jede entwickelte Form von Künstlicher Intelligenz sei ein Ebenbild des Menschen, das sei das Grundproblem, denn sie widerspiegelten alle Stärken und Schwächen, ausgerichtet auf Effizienz und ökonomische Übersteigerung, der Mensch als roboterhafter Nutzenoptimierer. „Wir implantieren ihnen Paranoia und programmieren

[32] Das Prinzip der Doppelwirkung (PDW), ethisches Prinzip in der Theorie

sie darauf zu töten“, so James Cameron, Regisseur von u. a. „Avatar“[33]

Die alles entscheidende Frage ist die nach der Verantwortung. Dazu gehören ethische und rechtliche Rahmenbedingungen. Eigenständiges Interpretieren und Umsetzen sowohl von autonomen Systemen als auch nach technischen Interventionen in das Gehirn-(Neurotechnologien: Bewusstsein, Identität, Persönlichkeit usw.) verlangen eindeutige Zuordnung von Verantwortlichkeit, wenn ein Teil des Menschen zum Mensch-Maschine-Komplex („Maschinenmenschen“) wird. Computergestützte Übersetzung und technische Umsetzung transformieren die Identität des Nutzers, er ist Mensch und Maschine zugleich: Eine gefährliche Transformation des Menschen in ein entseeltes aber optimiertes Mensch-Maschine-Wesen, in einen Cyborg.

Laut der „International Federation of Robotics” werden bis 2019 mehr als 1,4 Millionen neue Industrie-Roboter in den Fabriken rund um den Globus installiert, weitere Roboter werden im Service- und Pflegebereich eingesetzt werden. Das europäische SPARC Programm [34] ist das

---

[33] Vgl. Der Spiegel 35/2017, S. 126

[34] Die SPARC-Architektur (Scalable Processor ARChitecture) ist

weltgrößte zivile Forschungsprogramm für Robotik. Die EU investiert bis 2020 rund 700 Millionen Euro in SPARC, die Privatindustrie soll das Dreifache beisteuern.
So erarbeitet derzeit Das Europäische Parlament eine Vorlage über die zivilrechtlichen Regelungen der Robotik für die EU-Kommission, um EU-Gesetze für Robotik und künstliche Intelligenz zu formulieren. Das Parlament führt an, es brauche erkennbare ethische Prinzipien für eine Gesetzgebung, nur so könne die EU konkurrenzfähig bleiben. "Der Bericht sieht eine Ethik-Charta vor, oder einen Verhaltenskodex für die Roboter-Konstrukteure, denn wir wollen Roboter, die zum Wohl der Menschheit eingesetzt werden und die Würde, die Privatsphäre und Freiheit achten", so Mady Delvaux, die sozialistische Berichterstatterin. Pawel Kwiatkowski von der Rechtsanwaltskanzlei Gessel in Warschau stellt u. a. die Frage nach Verantwortlichkeit eines Roboters, könne ein Roboter eine Absicht verfolgen? Rein rechtlich gesehen kenne das Zivil- und Strafrecht nur einen Menschen als Verantwortlichen oder Täter.

---

eine Mikroprozessorarchitektur, die hauptsächlich in Produkten von Oracle Verwendung findet.

„Es ist nicht die stärkste Spezie die überlebt, auch nicht die intelligenteste, es ist diejenige, die sich am ehesten dem Wandel anpassen kann.“

Charles Darwin

6. GESELLSCHAFTSUTOPIE: DIGIPOLIS

Das utopische Szenario „Digipolis“ zeigt ein Zukunftsbild der Gesellschaft in 2030, [35] Society 5.0? Die Automatisierung jeglicher Arbeitsabläufe durch die produzierende Industrie wurde immer weiter verbessert, globale Hochleistungsrechenzentren optimieren Roboter in den Werken und die Robo-Bots im Dienstleistungsbereich. Überflüssige Berufsbranchen und Jobverluste führten zu Kaufkraftverluste und Wirtschaftseinbrüche. Dem wurde mit der Auszahlung des „bedingungslosen Grundeinkommens“ begegnet, um soziale Unruhen zu vermeiden.

Mit dem Grundeinkommens wurde ein Wertewandel in der Gesellschaft eingeleitet: Statt früher vorherrschender Sinnstiftung durch Arbeit zählt nun mehr die individuelle Identitätsstiftung.

---

[35] Ein Forschungsinstitut an der Hochschule der Medien Stuttgart, das Institut für Digitale Ethik (IDE), fragt mit einem THINK TANK nach den beruflichen und privaten Lebenswelten einer Gesellschaft 2030. (siehe auch Anhang) https://www.arbeiten2030.de/digipolis/

Drei mögliche Szenarien werden herausgestellt (siehe Anhang)

-Dystopische Szenarien : Manchester4.0, Technokratie

-Radikales Szenario : Grüne Planwirtschaft

-Utopische Szenarien : Digipolis, Work less – social more

Die Selbstverwirklichung in jedem Lebensbereich ersetzt im Wesentlichen die Lohnarbeit.
Mit dem Wegfall des ökonomischen Druckes lag die Erfüllung nun im sozialen Engagement, es verbesserte sich zunehmend der Zusammenhalt innerhalb der Gemeinschaft und den Menschen blieb maximale Freiheit für individuelle Lebensplanungen. Fortschreitende Digitalisierung mit hohen datenschutzrechtlichen Standards machte das Leben einfacher und angenehmer. Für kulturelles und soziales Engagement wurden vom Staat so genannte Social Points vergeben, die Vergünstigungen in verschiedenen Bereichen ermöglichten („work less social more").
Aufgrund bedingungslosen Grundeinkommens stieg die Geburtenrate in Deutschland stark an, die voranschreitende Überalterung der Bevölkerung verlangsamte sich. Die Vermarktung der Datenschutz-Technologie „Made in Germany" stellte eine beachtliche Einnahmequelle dar, mit der das bedingungslose Grundeinkommen finanziert werden konnte.
Gefährliche, anstrengende, gesundheitsschädliche oder schmutzige Berufe wurden automatisiert und digitalisiert, menschliche Fähigkeiten jedoch beispielsweise in der Bildung, Rechtsprechung, in der Pflege oder Ausbildung wurden verstärkt nachgefragt.

Mit der Individualisierung wurden starre gesellschaftliche Strukturen aufgebrochen, es entstanden verschiedene Beziehungs- und Lebensentwürfe: Homo- und heterosexuelle Paare, Patchwork-Familien, allein erziehende Elternteile oder Großfamilien existieren gleichberechtigt nebeneinander, es gab keine Diskriminierungen mehr.
Sichtbare Verbesserungen des psychischen und physischen Gesundheitszustands der Bevölkerung durch den Wegfall körperlich und geistig belastender Arbeit, bedingt durch die Robotik, führten zu signifikanten Einsparungen im Gesundheitssystem. Die technische Gesundheitsüberwachung mithilfe von Wearables wurde zur Sicherung von digital abgeschöpften Gesundheitsdaten gesetzlich geregelt: Der „digitale hippokratische Eid" diente ausschließlich der Verbesserung des Gesundheitszustands der Benutzer. Beschäftigungsfreundliche politische Vorgaben und Regulierungen zur neuen Unternehmenskultur waren Ergebnis des politischen Engagements der Bürger aufgrund der digitalisieren Wahl ab 16 Jahren.
Das Bildungsniveau war in den letzten Jahren ebenfalls kontinuierlich angestiegen. Der Humboldtsche Bildungsgedanke setzte sich verstärkt durch, Bildung wurde als Selbstzweck wahrgenommen, aber gleichzeitig hat die Bedeutung von Technik-Knowhow und Wissen durch Digitalisierung und Automatisierung stark zugenommen...

„Unser Geist schafft die Welt, in der wir leben“.

S. H. Dalai Lama

7. GESAMTSICHT und REFLEXION

"Die Menschheit steht vor einem Wendepunkt - der nächsten Evolution des menschlichen Geistes. Wird diese Evolution eine Mischung aus Mensch und Maschine sein, wo künstliche Intelligenz das Auftauchen einer neuen menschlichen Spezies erzwingt? ", fragt Markus Mooslechner.[36] „Supersapiens“ dokumentiere das potenzielle Ende des Homo Sapiens und verkünde den Aufstieg des Geistes und damit die Geburt einer (neuen) Spezies.

Evgeny Morozov [37] bezweifelt aber, dass die smarte neue Welt tatsächlich so smart sei, eher doch nur eine Riesenmaschine, die unseren gesunden Menschenverstand langsam und beharrlich eliminiere.

Roboter haben viele Vorteile in den Lebenswelten geschaffen: Als Pflegeassistenten können sie einer älter werdenden Gesellschaft wichtige Hilfe leisten, als Kollege erledigen sie körperlich schwere Arbeit, Handlangerdienste, Serviceleistungen usw. Maschinen treffen für Menschen vielfältige Ent-

---

[36] Vgl. Markus Mooslechner zum Film „Supersapiens“, eine Terra Mater Factual Studios Produktion, Wien 2017

[37] Vgl. Evgeny Morozov, Smarte neue Welt: Digitale Technik und die Freiheit des Menschen, Blessing, 2013

scheidungen, können unter Umständen sogar moralgeleiteter agieren, denn sie können nicht wider besseren Wissens moralisch falsch handeln. Sie erledigen etliche Arbeiten besser als Menschen und optimieren spezifisch menschliche Fähigkeiten. Aber sind autonome digitale Systeme bzw. ist künstliche Intelligenz wirklich intelligent, werden sie zukünftig zur Selbstreflexion und zu Empathie fähig sein?

Grundsätzlich sind Menschen mit speziellen Interessen und Ideologien für die Einrichtung und den Einsatz smarter Tools verantwortlich.

Über mathematische Algorithmen unter Einsatz von Sensorik werden Entscheidungsmatrizen gebildet, was zum selbständigen scheinbar intelligenten Verhalten führt.
Themenbezogenen Strategien wurden aber immer im Voraus von Menschen entwickelt, denn den autonomen Systemen fehlt dazu die nötige Kreativität. Letztlich findet aber immer nur eine Automation mithilfe einer bereits vorgedachten Strategie statt. Immer weiter verfeinerte Sensorik ist aber imstande hochkomplexe, operative Strategien bis in Nano-Bereiche und in nicht mehr verzichtbaren Leistungskategorien (Flugsimulator, Medizinroboter, Autopilot usw.) auszuüben. Biofaktoren Gehirn, Wahrnehmung und Bewegungsappa-

rat können das nicht mehr leisten. Sehr spezifische Systeme reagieren in gewissen Situationen schneller und besser als Menschen. Solche Lösungen nutzen zwar den Input von vielen Sensoren, um selbstständig Entscheidungen zu treffen, sie können aber dabei nicht denken. Das gilt auch für die persönliche Assistenzsoftware, die den nächsten Schritt in der Weiterentwicklung der Schnittstelle zwischen Mensch und Maschine darstellt.

Obwohl heute unzählige Systeme als „smart“ angepriesen werden, sind diese aber nicht intelligent, zumindest nicht in dem Sinn, in dem Intelligenz bei Menschen zu definieren ist.

Notwendige Aspekte der Intelligenz fehlen bei der „künstlichen Intelligenz“ prinzipiell: Selbsterkenntnis, Moral, Sozialverhalten, Emotionen, Intuition, Kreativität, transzendentales Denken und Neugierde aus sich selbst heraus, insbesondere aber „unlogische“ Denkprozesse z.B. „zündende“ Ideen zur Krisenbewältigung – eine fundamentale Unterscheidung vom biologischen Denkprozess. Programmierte komplexe Rechenoperationen können mittels künstlicher neuronaler Netze nach Vorbild des menschlichen Gehirns antrainiert und ausgeführt werden und damit im vorbestimmten Rahmen auch „lernfähig“: Die visuelle Mustererkennung und Musteranalyse z.B. Gesichtserkennung, Handschrifterkennung und Spracherkennung entwickeln eine höhere Leis-

tungsfähigkeit in der Anwendung im Vergleich zum Menschen.
Auch die semantische Analyse von Sprache, die Bedeutung von Worten und Texten zu erkennen, findet inzwischen schon Anwendung in der sprechenden Microsoft-Textassistentin Programm Xiaoice[38] (Microsoft), es wird in China als Chatbot im Internet eingesetzt.

Menschen haben sehr viel Intelligenz in die Technik gesteckt, es sind „supersmarte" Maschinen hervorgegangen, die Lebenswelten sind von ihnen nachhaltig und maßgeblich geprägt. Sind „subsmarte" Menschen in einer ultrasmarten Gesellschaft dann die Folge?

Das Vertrauen der Nutzer in technische Artefakte mit immer komplexeren Algorithmen beruht auf dem materiellen Charakter seiner Hardware einerseits und zunehmend auf der Zuverlässigkeit des

---

[38] Xiaoice sei eine Persönlichkeit mit adaptiver emotionaler Intelligenz. Sie könne sich in eine Unterhaltung mit kontextspezifischen Fakten über Prominente, Sport oder Finanzen einbringen, zeige aber auch Empathie und habe einen Sinn für Humor. Mittels Gefühlsanalyse könne sie ihre Antworten und Wortwahl auf positive oder negative Hinweise ihres menschlichen Gegenübers anpassen..

Überwachungssystems seiner immateriellen smarten Komponenten, der Software, andererseits.
Ob Auto, TV, Handy, Robotik, Internet usw., die „Gebrauchstechnologien“ werden zur Gewohnheit, zu einer neuen Lebensform, zum Lifstyle.
Nicht wenige Wissenschaftler warnen schon vor dem übertriebenen Vertrauen in autonome Systeme und Verlust von eigenen Fähigkeiten, als „automation complaceny“ (Selbstzufriedenheit) bezeichnet und Neigung zum Bias (Beeinflussung).
Jederzeit und überall vernetzt, verändert beispielsweise das smarte Telefon grundlegend die Wahrnehmung der Welt und wird immer mehr zur Erweiterung menschlichen Selbst: Kommunikationsassistent, Wegweiser und Kartenleser, Bürogehilfe, Heimgestalter Musikbox, Wecker, Nachrichtenagentur, Freizeit- und Spielgefährte usw.
Die Neigung zum Bias (Beeinflussung) bei der Auswertung und Bewertung von Informationen zeigt zunehmend ein unangebrachtes Vertrauen und Fehlleitungen durch scheinbar hilfreiche Markierungen.
Sowohl Complacency als auch Bias verstärken sich mit wachsender Qualität und Zuverlässigkeit autonomer Systeme, denn Konzentration und Aufmerksamkeit nehmen ab, wenn Nutzer nicht

ständig mit ihrer Umgebung interagieren müssen.[39]

Car warnt vor einem „Degenerationseffekt“, wenn Denkarbeit zunehmend abnähme und damit kaum Erzeugungsarbeit geleistet werde, der Nutzer werde unfähiger, Kompetenzzuwachs verhindert, da kaum noch umfassendes Praxiswissen erworben werde.

Ein Forschungsschwerpunkt in der Automationspsychologie beschäftigt sich mit Vertrauen und Übervertrauen in Automation: Alternative Möglichkeiten nicht in Betracht zu ziehen, könnten aufgrund von Aufmerksamkeitsstörungen („attentional blindness") mögliches Versagen erklären. Das fehlende negative Feedback führe mit der Zeit zu einem kognitiven Prozess, ähnlich der sogenannten 'gelernten Sorglosigkeit', so Dietrich Manzey vom ipa.[40]

---

[39] Vgl. Nicholas Car, „Abgehängt - Wo bleibt der Mensch, wenn Computer entscheiden?", Carl Hanser Verlag München, 2014

[40] Vgl. http://www.ipa.tu-berlin.de/ menue/institut_fuer_psychologie_und_arbeitswissenschaft/

„Alle denken nur darüber nach, wie man die Menschheit ändern könnte, doch niemand denkt daran, sich selbst zu ändern."

Leo Nikolajewitsch Graf Tolstoi

7.1 MINDSHIFT

In einer Zeit des Umbruchs, hin zu einer „Neuen Zivilisation“, wird in den unterschiedlichen Medien das Bild einer Welt voll wachsender sozialer Ungerechtigkeit, zunehmender Gewalt und einer unsicheren Zukunft, ein Negativtrend gezeichnet: Die Entmenschlichung der Gesellschaft durch technischen Fortschritt, die allgegenwärtige Digitalisierung und Durchdringung der letzten verbliebenen privaten Refugien; aus der Sicht digitaler Utopisten erscheint der Mensch ineffizient, unberechenbar und nicht optimiert, nicht smart genug. Mit der anscheinend fortschreitenden Überflüssigkeit des Menschen in der künftigen Lebens- und Arbeitswelt und Konsumgesellschaft formiert sich, wenn auch vorerst zögerlich, eine mentale Gegenbewegung, die im Rahmen einer funktionalen Gesellschaft auf ein sozial aktives, kognitiv klares, emotional kompetentes und vernünftig reflektiertes Mensch-Sein zielt. Das menschliche Bedürfnis nach Rückzugsmöglichkeiten - ein fundamentaler humaner Instinkt- in einer ultrasmarten Gesellschaft hat u. a. eine neue sozialere Form

hervorgebracht, die des Cocoonings, der neue Hygge-Lebensstil.[41]
“Mindshifts“, neue Qualität der Achtsamkeit sind die Folge von Unsicherheit, Disruptionswahn und Innovationsüberschuss, zunehmender Überreizung durch Digitalisierung. Sinnsuche und ethische Überzeugung prägen eine neue Souveränität und Sensibilität im achtsamen Umgang mit Mitmenschen und Umwelt. Sehnsucht nach Unbeschwertheit, Wir-Gefühl und Wohlfühlorte, Gemütlichkeit und Vertrauen ersetzen Egozentrismus.

Soziokulturelle Veränderungsprozesse werden von den Lebensgefühlen der Menschen im sozialen und technischen Wandel geprägt. Subjektiv wahrgenommener gesellschaftlicher Werteverfall und der Vertrauensverlust in Politik und Wirtschaft vermitteln ein Gefühl des „Alleingelassenseins“ - des „Abgehängtseins“.
Fitness-, Leistungs- und Selbstoptimierungswahn beispielsweise weichen einem neuen Verständnis

---

[41] „Hygge“ („heimelig“) eine boomende Lebensphilosophie aus Dänemark, dem glücklichste Land der Welt, laut „World Happiness Report“(2016) der Vereinten NationenSo erfährt auch eine neue (alte) Subkultur „Do It Yourself“ (DIY) neuen Aufschwung: Selbstverwirklichung, gesteigertes Selbstwertgefühl und Individualität stehen im Vordergrund

(„mind changing“) von Gesundheit, ein holistisches Verständnis, d.h., eine ganzheitliche Sicht und Sinngebung von Freizeit und Arbeit mit entsprechenden Forderungen gesellschaftlicher Rahmenbedingungen.

Einstellungen zur Arbeits- und Erwerbswelt erfahren schon spürbare Paradigmenwechsel.
Durch die technische Entwicklung seien immer wieder so viele neue Arbeitsfelder entstanden, dass sie den Verlust von Arbeitsplätzen durch die technische Entwicklung überkompensiert hätten, so das Credo von Politikern.
Mittlerweile bezweifeln immer mehr Wissenschaftler im Zusammenhang mit der KI-, Robotik- und Automatisierungsentwicklung diese Einschätzung. In diesem Kontext ist auch immer häufiger die Rede von Erschöpfungen aufgrund des immens schnellen, unstrukturierten und unverstandenen Wandels. So werden auch die wichtigsten Innovationen der Zukunft in sozialen Innovationen gesehen.
Statt „höher schneller und weiter“ erwächst ein neues Verantwortungsgefühl, das den Erwerb an den Bedarf rückbindet und den Einzelnen wieder der Gemeinschaft verpflichtet.

So wird eine „neue“ Wirtschaft als Sinnökonomie („Purpose Economy“)[42] vom Gedanken geleitet, dass der Einzelne nach Sinn in seiner Arbeit und in seinem Leben strebt, mit dem „unbezahlbaren Gefühl“ etwas Sinnvolles bzw. Richtiges zu tun: Eine Art „psychologische Prämie“ zur Steigerung des Selbstwertgefühls. Wissenschaftler sprechen auch vom „Helper's High“, das Belohnungssystem im Gehirn wird aktiviert.

---

[42] Aaron Hurst, (Purpose Economy) vgl. Essay, „Auf dem Weg in die Sinnökonomie“, 28. Nov 2013, http://www.capital.de

„Wege, die in die Zukunft führen, liegen nie als Wege vor uns. Sie werden zu Wegen erst dadurch, dass man sie geht.“

Franz Kafka

7.2 AUSBLICK

Die meisten Zukunftsforscher sind sich darin einig, dass die Entwicklung nicht auf Dauer aufzuhalten sein werde.

Besonders intelligente Super-Computer, die Daten sammeln und zusammenführen, werden an die Stelle von Erfahrungen und Wertekategorien neuartige Problemlösungen bei Menschen ermöglichen, so begeistern sich Wissenschaftler der KI-Zukunftszene.

Von den Fesseln der Biologie befreit, soll der digitale „Neue Mensch" auch seine eigenen geistigen Fähigkeiten exponentiell verbessern und sich beliebig umgestalten und erweitern können – er wird so zur sich selbst formenden künstlichen Intelligenz in einer Gesellschaft 5.0.

Der „Neue Mensch" erscheint als technologisch entgrenztes Wesen, ein Produkt einer gegenwärtigen liberalen Innovations- und Wachstumsgesellschaft, flexibel und beliebig optimierbar, weniger das Resultat einer wohlgestalteten Sozialordnung der Zukunft.

Der Algorithmus und die KI in den autonomen Systemen werden derzeit überwiegend zum angeblich unbestechlichen Maßstab für gesellschaftliche Phänomene gemacht, noch werden Fragen nach Interessen, Macht und Kontrolle, Rechte,

Pflichten und Werte, insbesondere der Ungleichheit, weitgehend ausgeklammert.
Ungleichheit entwickelt sich in jeder Gesellschaft, unabhängig von den Fähigkeiten und dem Arbeitswillen der Menschen. Mit den richtigen politischen Maßnahmen könne sie überwunden werden, sie sei zwar natürlich – aber sie sei kein Naturgesetz, argumentiert Per Molander.
„Also man braucht einen Staat, und man braucht einen reichhaltigen Werkzeugkasten, der Instrumente für den Ausgleich sowohl von Möglichkeiten als auch von Ergebnissen enthält. In der ersten Kategorie: Ausbildung das wichtigste Werkzeug, in der zweiten, wie ich erwähnt habe: Gesundheitswesen, Sozialversicherungen und Steuer- und Transfersysteme und so weiter"[43]
Grundsätzlich muss in offenen demokratischen Gesellschaften in aller Öffentlichkeit darüber debattiert werden, in welchem Umfang digitalisierte Planungs- und Entscheidungsgrundlagen zugelassen werden sollen, die ihren Ursprung ausschließlich in Algorithmen haben und weniger von trans-

---

[43] Per Molander, „Die Anatomie der Ungleichheit-Woher sie kommt und wie wir sie beherrschen können", Westend Verlag, Frankfurt/M, September 2017
im Gespräch mit Sigrid Brinkmann:
http://www.deutschlandfunkkultur.de/per-molander-die-anatomie-der-ungleichheit-warum-die.1270.de.html?dram:article_id=394934

parenten demokratischen Prozessen abgeleitet werden.
Aufgrund der Fortschritte durch künstliche Intelligenz, Computertechnik, Nanomaterialen, synthetische Biologie und andere exponentiell wachsende Technologien eröffnen sich aber weitreichende Chancen, welche durch sinnvollen Einsatz bereits vorhandener und zukünftiger digitaler Innovationen die Grundbedürfnisse aller Menschen auf der Erde, wie Ernährung, Energie, Gesundheitsvorsorge und -fürsorge, Bildung, Sicherheit und Freiheit erfüllen könnten.

Die Entwicklung in die richtige Richtung zu lenken bleibt der Intelligenz der Menschen vorbehalten:
Eine Koevolution von Mensch und Maschine im Blick auf die großen ökonomischen und gesellschaftlichen Fragen unter anderem wie Gerechtigkeit, Solidarität, Humanität, Fortschritt, Nachhaltigkeit in einer Zeit der allumfassenden Digitalisierung.

Anhang 1

Quelle:

http://www.n-tv.de/mediathek/bilderserien/wissen/Roboter-erobern-die-Welt-article15176871.html

Exemplarische Auswahl

Hinter der Bar, am Kochtopf und auf dem Laufsteg Roboter erobern die Welt

Nicht nur in China, auch in Deutschland gibt es Roboter-Gastronomie: In der "Bar der Zukunft" im thüringischen Ilmenau, eröffnet im Juni 2013, bedient Humanoid **"Carl"** als Bartender die Gäste. Entwickelt und gebaut wurde er vom Mechatroniker Ben Schäfer, der eine Firma für humanoide Roboter hat. "Carl" bereitet Mixgetränke zu und ist in der Lage, mit den Gästen eine einfache Konversation zu führen.

Seit Dezember 2014 setzt der Schweizer Lebensmittelkonzern Nestlé in Japan Roboter als Verkäufer seiner Kaffeemaschinen ein. Der humanoide Roboter **"Pepper"** des japanischen Telekommunikationskonzerns Softbank ist 121 Zentimeter

groß und 28 Kilogramm schwer, kann Stimmlagen, Gesichtsausdrücke und Gesten erkennen und soll sogar Emotionen der Kundschaft deuten.
Im Eingangsbereich des Kaufhauses Nihonbashi Mitsukoshi in Tokio begrüßt eine Dame im Kimono namens **Aiko Chihira** die Kunden, bei der man nicht auf den ersten Blick erkennt, dass sie kein Mensch aus Fleisch und Blut ist. Die Roboterdame wurde von Toshiba entwickelt. Sie beherrscht die Zeichensprache, kann sich selbst vorstellen und Kunden den Weg durchs Kaufhaus weisen.
An einer Grundschule in Tokio wurde, allerdings bisher nur zu Demonstrationszwecken, ein Roboter namens **"Saya"** als Lehrerin eingesetzt. Sie spricht verschiedene Sprachen; ihr Gesicht ist zu Ausdrücken wie Glück, Überraschung, Trauer, Angst, Wut oder Ekel fähig.

Wenn der mal nicht echt aussieht: Der Roboter **"The Incredible Bionic Man"** steht im Smithsonian National Air and Space Museum in Washington. Er ist der weltweit erste funktionierende bionische Mann aus Prothesenteilen und künstlichen Organen. Er wird "Frank" genannt (kurz für Frankenstein) und ist mit 200 Prozessoren und einer Million Sensoren bestückt. "Frank" verfügt über ein funktionierendes Kreislaufsystem samt Herz-

schlag. Mithilfe einer Fernbedienung kann er laufen und sprechen.
Der humanoide Roboter namens **"Han"** von Hanson Robotics hat eine Haut aus "Frubber"; das ist ein elastisches Polymer, das die menschliche Haut nachahmt. Über etwa 40 Motoren können seine verschiedenen Gesichtsausdrücke gesteuert werden - per Smartphone-Befehl. "Han" kann einfache Fragen beantworten und könnte etwa beim Kundendienst eingesetzt werden, so die Hersteller.
Der humanoide Roboter **"Yangyang"** wurde Ende April 2015 auf der Global Mobile Internet Conference in Peking vorgestellt. Der Android wurde entwickelt mit dem Ziel, der Robotik unter Jugendlichen zu mehr Popularität zu verhelfen. "Yangyang" kann sprechen, den Kopf bewegen, Händeschütteln und sogar Menschen umarmen. Die Haut besteht aus Silicagel, um die Textur der menschlichen Haut möglichst echt nachzubilden. "Yangyang" hat zudem eine ganze Reihe beeindruckend realistischen Gesichtsausdrücken drauf.

ANHANG 2

Das Institut für Digitale Ethik (IDE) ist ein Forschungsinstitut an der Hochschule der Medien Stuttgart.[44]

„Kernelement der Dystopie Manchester 4.0 ist der Wegfall von Jobs und die damit entstehende hohe Arbeitslosigkeit. Neben der Elite existiert in dieser Dystopie eine große graue Masse an Menschen, die niedere Jobs ausführen und immer wieder in die Arbeitslosigkeit abrutschen. Der Alltag ist entweder von der Arbeitslosigkeit oder von der Macht der Unternehmen geprägt. Der Leistungsdruck auf die Mitarbeiter steigt immer weiter an. Demonstrationen und Unruhen innerhalb der Gesellschaft nehmen immer weiter zu. Im Zentrum des dystopischen Szenarios Technokratie steht die Umschichtung von Berufen. Um den neuen digitalen Gegebenheiten überhaupt gerecht zu werden, sind die Arbeitnehmer gezwungen, sich kontinuierlich weiterzubilden und sich permanent neues Wissen anzueignen

---

[44] Vgl. https://www.arbeiten2030.de/digipolis/
https://www.arbeiten2030.de/wp-content/uploads/2016/08/Digipolis.pdf

Wir befinden uns Anfang der 2020er: Alle Systeme sind digitalisiert, auf dem Arbeitsmarkt werden hauptsächlich Fachspezialisten benötigt, der Social Divide hat sich verstärkt und es besteht eine starke Überwachung durch das Militär und die globalen Tech-Player.
Aus dieser unsicheren Zeit entsteht bis 2030 ein neues, demokratisch gewähltes System. Eines, das Sicherheit, Ordnung und Unabhängigkeit von der globalen Wirtschaft verspricht. Die grüne Planwirtschaft mit Zufriedenheitsgarantie.“

„Lieber Opa, heute wäre dein 95. Geburtstag. Ich denke oft an dich und deine Ratschläge, die du mir mit auf meinen Lebensweg gegeben hast. Ich sollte einen festen Job finden, um meine Familie ernähren zu können. Das war dein Lebensziel, das du, rückblickend, gemeistert hast. Ich habe dir ja schon mal von Lea erzählt. Wir wollen bald eine kleine Familie gründen. DIGIPOLIS Und stell dir vor, wir müssen nicht einmal arbeiten, um als Familie zu bestehen. Du hast ja die Einführung des bedingungslosen Grundeinkommens nicht mehr erlebt. Aber erinnerst du dich an die Diskussionen, die es zu deiner Zeit gab? Aus den Diskussionen wurde eine europaweite Revolution. In unserer Gesellschaft hat nun jeder die Möglichkeit auf ein menschenwürdiges und gesichertes

Leben. Und das, ohne Arbeiten zu müssen. Es mag für dich unvorstellbar klingen, aber bei uns muss niemand mehr 40 Stunden in der Woche arbeiten. Wer arbeiten will kann das tun, aber durch die Arbeitszeitverkürzung auf 20 Stunden pro Woche gibt es kaum mehr Workaholics. Ein Sprichwort von dir war immer: „Müßiggang ist aller Laster Anfang!" Aber heute sehen wir das ganz anders: Muße und Müßiggang gelten nicht mehr als verpönte Zeitverschwendung, sondern werden gefördert. Ob du es glaubst oder nicht, der Wegfall des Leistungsdrucks führte zu einem deutlichen Anstieg von Kreativität und Innovationen, in der Freizeit wie im Beruf. Selbstverwirklichung findet heute in jedem Lebensbereich statt und nicht mehr nur, wie noch zu deiner Zeit, durch Lohnarbeit. Lea zum Beispiel arbeitet nicht nur im Seniorenheim, sondern kümmert sich auch ehrenamtlich um Flüchtlinge. Darin geht sie voll auf.

Ich weiß, du wolltest gerne, dass ich mal in deine und Papas Fußstapfen trete. Aber warum sollte ich BWL studieren, wenn es mich nicht interessiert? Dank der finanziellen Absicherung kann ich es mir leisten, das zu studieren, was mir Spaß macht und nicht das, was mir vermeintlich die tollsten Karrierechancen bietet. Durch das Studium habe ich auch meine Leidenschaft für die Politik entdeckt

Ich bin zwar kein Parteimitglied, so wie du früher, aber ich engagiere mich politisch auf kommunaler Ebene, um das Thema Datenschutz noch stärker im Bewusstsein zu verankern. Außerdem habe ich zusammen mit zwei Freunden ein StartUp gegründet, um an der technologischen Weiterentwicklung des digitalen hippokratischen Eids zu arbeiten. Damit wird der Datenaustausch von Gesundheitsdaten zwischen NeoWatch, Servern und meinem Arzt noch sicherer. Ach du kennst die NeoWatch ja gar nicht. Für uns ist sie zu einem unverzichtbaren Begleiter geworden. Sie überprüft meinen Schlaf, weckt mich zur passenden Zeit, analysiert meine Gesundheit und gibt mir Tipps für ein gesundes Leben. Du denkst jetzt sicherlich gleich an Datenschutz und Big Data. Aber keine Sorge, dieses Problem haben wir schon vor einigen Jahren gelöst. Deutschland gehört inzwischen zu den führenden Anbietern in der Datenschutztechnologie. Und ich sorge mit dafür, dass es so bleibt. Du siehst, uns geht es gut und ich bin glücklich. Trotzdem fehlst du hier.
Liebste Grüße, dein Tom"

.

Quellen

Asimov, Isaak, Alle Roboter-Geschichten , Bastei Lübbe, Oktober 2007

Bude, Heinz, Die Ausgeschlossenen. Das Ende vom Traum einer gerechten Gesellschaft, Carl Hanser Verlag, München 2008

Bostrom, Nick, Superintelligenz: Szenarien einer kommenden Revolution, Surkamp 2014

Der Spiegel, 29/2017, 35/2017

Eberl, Ulrich, Smarte Maschinen: Wie Künstliche Intelligenz unser Leben verändert, Carl Hanser Verlag, München 2016

Harari, Yuval, Homo Deus. Eine Geschichte von Morgen, Verlag C.H.Beck, München 2017

Horx, Matthias, Wie wir leben werden, Unsere Zukunft beginnt jetzt, Campus Verlag, 2006

Hurst, Aron „Purpose Economy“, vgl. Essay, „Auf dem Weg in die Sinnökonomie“, 28. Nov 2013,

Kucklick, Christoph, Die granulare Gesellschaft, Wie das Digitale unsere Wirklichkeit auflöst, Ullstein Verlag, Berlin 2014

Kurzweil, Ray, Menschheit 2.0: Die Singularität naht. Lola Books, Oktober 2014)

Molander, Per „Die Anatomie der Ungleichheit- Woher sie kommt und wie wir sie beherrschen können“, Westend Verlag, Frankfurt/M, September 2017

Morozov, Evgeny, Smarte neue Welt: Digitale Technik und die Freiheit des Menschen, Blessing 2013

Precht, Richard David, Deutschlandfunk, 01.05.2017 im Gespräch mit Karin Fischer

Wagenknecht, Sahra, Reichtum ohne Gier: Wie wir uns vor dem Kapitalismus retten. Campus, Frankfurt, 2016

https://www.zukunftsinstitut.de/menschen/externe-tup-autoren/martina-mara/

www.brainlinks-braintools.uni-freiburg.de

https://www.arbeiten2030.de/digipolis/

http://www.n-tv.de/mediathek/bilderserien/wissen/Roboter-erobern-die-Welt-article15176871.html